Ansgar Warner: Krautpublishing

Ansgar Warner

Krautpublishing

Crowdfunding & Crowdsourcing

für die Buchbranche

ebooknews press

FSC
www.fsc.org
MIX
Papier aus verantwortungsvollen Quellen
Paper from responsible sources
FSC® C105338

IMPRESSUM

ebooknews press
Verlag Dr. Ansgar Warner
Rungestr. 20 (V)
10179 Berlin
ISBN: 9783944953403

Inhaltsverzeichnis

Hinweise zur Benutzung

Wer Zeit sparen möchte, kann die Einführung überspringen, in das Krautpublishing-ABC weiterblättern und dort die Stichworte „Crowdpublishing" sowie „Crowdfunding" bzw. „Crowdfunding-Kampagne" lesen, im Anschluss einzelne Fallbeispiele durchschauen und ggf. die Infos zu den einzelnen Krautpublishing-Plattformen nachschlagen.

Krautpublishing – eine Einführung

Ob Flash-Mob, Facebook-Freunde oder Twitter-Follower – die Crowd, die virtuelle Masse, ist überall. Via World Wide Web organisieren sich große Gruppen von Menschen, die sich in der Offline-Welt zumeist noch nie begegnet sind. Immer wieder werden wir davon überrascht, was die durch Web 2.0 und Social Media quasi aus dem Nichts entstandene Crowd alles bewirken kann. Ein besonders gutes Beispiel nicht nur für die „Weisheit der Massen", sondern auch ihr kreatives Potential in Sachen Crowdpublishing ist die Online-Enzyklopädie Wikipedia.

An den Abermillionen zumeist unbezahlter Arbeitsstunden, die in diesem Freiwilligen-Projekt stecken und die Manpower klassischer Lexikonverlage weit übertreffen, sieht man zugleich auch: die Crowd ist längst zum Wirtschaftsfaktor geworden. Erst recht, wenn man ein Rezept hat, wie man die Kraft der Crowd richtig anzapft (was passiert, wenn man kein Rezept hat, zeigt das Schicksal der Lexikonverlage in der Post-Wikipedia-Welt...).

Ganz vorne dran ist hier das Silicon Valley, denn ohne „user generated content" würden schließlich weder Facebook, Flickr oder Youtube funktionieren – so gesehen waren wir alle bereits „Crowdpublisher", als es den Begriff noch gar nicht gab. Denn erst im Jahr 2006 prägte Jeff Howe im Wired-Magazin für das Anzapfen der Crowd den Begriff „Crowdsourcing" – und definierte die Crowd-Ressource als „everyday people using their spare cycles to create content, solve problems, even do corporate R & D".

Auch in der Buchbranche ist Crowdsourcing eine

kaum zu unterschätzende Ressource, von Kundenrezensionen und Bewertungen auf Buchhandelsportalen über Diskussions- und Leserunden auf Literaturforen und Social Reading-Portalen bis hin zum Einspannen von Testlesern, Leser-Votings zu Coverentwürfen und nicht zuletzt dem Weiterempfehlen via Facebook & Co.

Die geistige Produktivkraft – Stichwort „Schwarmintelligenz" – ist jedoch nicht das einzige Kapital der Crowd. Denn bequeme Online-Bezahlmöglichkeiten via PayPal oder Kreditkarte geben ihr auch eine direkte finanzielle Macht. Längst sind wir es gewohnt, bei iTunes, Amazon & Co. für Downloads von Musikfiles, E-Books oder Software per Mausklick ein paar Euro, manchmal auch nur 99 Cent auszugeben. Für das Bezahlen mit elektronischem Kleingeld hat sich der Begriff „Micropayment" eingebürgert.

Doch man darf sich vom Begriff Micropayment nicht täuschen lassen, denn in Verbindung mit der Crowd können schnell sehr große Summen zusammenkommen. Schon in den Anfangsjahren des Internets wurde das Potential der Crowd deswegen zum Fundraising eingesetzt. Die US-Band Marillion sammelte via World Wide Web im Jahr 1997 von ihren Fans mehr als 60.000 Dollar ein, um ihre nächste US-Tour zu finanzieren. Den Begriff Crowdfunding selbst gab es zu diesem Zeitpunkt noch gar nicht – er ist erstmals im Jahr 2006 aufgetaucht, wohl nicht zufällig im selben Jahr, in dem Jeff Howe den Begriff Crowdsourcing prägte.

Auch wenn damals noch niemand Wortschöpfungen wie Crowd- bzw. Krautpublishing kannte – funktioniert hat das Prinzip trotzdem schon. Angespornt vom ersten Erfolg finanzierte Marillion mit mit Unterstützung der Crowd die Produktion kompletter Alben. Haben Sie vielleicht schon mal in „Anoraknophobia“ (2001) hineingehört? Es ist eins der frühesten Beispiele für webbasiertes Crowdpublishing im Rahmen eines Pre-Order-Konzeptes. Mehr als 12.500 Fans bestellten das Album vorab. Es gab aber auch ein besonderes Incentive: Sie erhielten dafür eine in limitierter Auflage gepresste Doppel-CD-Version.

An der Schwelle zum Millenium experimentierte auch Bestseller-Autor Stephen King mit dem Direktverkauf via Internet: im Jahr 2000 vermarktete er seine in der Schublade schlummernde Horror-Erzählung „The Plant“ in Form einer Fortsetzungsgeschichte, und setzte dabei auf ein Freemium-Konzept. Die erste Folge konnte man zum Preis von einem Dollar herunterladen, es gab jedoch parallel auch eine kostenlose Version. Sollten mindestens 75 Prozent aller Leser ihr Scherflein beitragen, so lautete das Versprechen, würde es eine Fortsetzung geben. Der Start verlief fulminant, nach kaum 24 Stunden konnte King seinen Lesern mitteilen: „Ich bin sehr zufrieden mit den Downloads, bis gestern nachmittag kamen um die 40.000 zusammen, und wir schätzen die Bezahlrate lag bei 88 Prozent“. Bis Ende des Jahres nahm die Begeisterung der Leser zwar etwas ab, doch immerhin kamen dem Schriftsteller zufolge insgesamt etwa eine halbe Million Dollar zusammen (mehr zu dieser Story erfährt man in „Von Buch zum Byte – Kurze Geschichte des E-Books“, www.vom-buch-zum-byte.de).

Der Siegeszug von MP3 plus Napsterisierung im

Musikbetrieb ebenso wie die Amazonisierung der Buchbranche plus E-Book-Boom hatten letztlich einen ähnlichen Effekt: die Karten im Kulturbetrieb wurden neu gemischt, und zu den Gewinnern gehören nicht zwangsläufig die Major Labels der Musikindustrie oder große Publikumsverlage, sondern immer öfter auch die Künstler selbst. Für sie ist das Internet ein perfektes Vertriebsmodell, das geringe Kosten, große Reichweite und vor allen Dingen direkten Kontakt zu den Konsumenten verspricht.

Schon 2008 behauptete Wired-Mitgründer Kevin Kelly, „1000 echte Fans“ würden im Webzeitalter ausreichen, um als Kreativer den Lebensunerhalt bestreiten zu können. Über die genaue Zahl kann man sich natürlich streiten – doch die literarische Self-Publishing-Revolution, die Ende der Nuller Jahre mit Plattformen wie Smashwords und Amazons Kindle Direct Publishing (KDP) ins Rollen kam, war von Anfang durch die Internet-Crowd angetrieben. Noch stärker sollte sich Kellys Diktum bewahrheiten, als auch die ersten Autoren begannen, ihre Projekte über Crowdfunding-Plattformen wie Kickstarter zu vermarkten. Geht es etwa um die aufwändig gestaltete Print-Ausgabe einer Graphic Novel, reichen 1.000 Vorbestellungen tatsächlich aus, um z.B. die Druckkosten bestreiten zu können.

Crowdpublishing definiert auf diese Weise nicht nur die Rolle des (Massen-)Publikums neu, sondern auch die des individuellen Content-Produzenten. Denn es bringt beide in einen neuen, unmittelbaren Zusammenhang, ohne dass noch Vermittlungsinstanzen wie

Music-Labels, Verleihfirmen oder Verlage notwendig wären. Das Publikum war schon immer der mächtigste Mäzen – doch durch die neue Form der Mikropatronage kann es diese Macht auch direkt ausüben. Gleichzeitig wird es immer wichtiger für den Künstler bzw. Autor, seine Werke möglichst breit zu streuen und einen möglichst großen Bekanntheitsgrad zu haben.

„Obscurity is a far greater threat than piracy", sagen die Gegner von Kopierschutz und hartem DRM (Digital Rights Management), und die Praxis gibt ihnen recht. Viele Web 2.0-Geschäftsmodelle leben gerade davon, dass digitale Versionen möglichst von vielen Menschen kopiert und weitergegeben werden. Manche Musiker bzw. Roman-Autoren erlauben den Gratis-Download ihrer Werke als MP3 oder E-Book, und finanzieren sich über den Verkauf von CDs oder Print-Büchern. Manchmal stellen sie ihre Werke sogar unter eine gemeinfreie Lizenz wie Creative Commons. Das macht ökonomisch Sinn, weil beim Verteilen digitaler Kopien praktisch keine Kosten entstehen.

Überzeugte Crowdfunder werden dabei natürlich etwas die Nase rümpfen. Denn solche Web 2.0-Geschäftsideen funktionieren ganz automatisch, ohne dass die meisten Nutzer sich des zugrundeliegenden Crowdfunding-Effekts überhaupt bewusst sind oder sein müssen. Viele Krautpublishing-Projekte setzen dagegen stärker auf eine deutliche aktivere Rolle der Teilnehmer. Die Crowd wird hier also in der Interaktion spürbar, und es wird nicht selten auch an die Solidarität einer Community appelliert: ihr habt es in der Hand, ob diese Idee verwirklicht wird! Im Kern des Crowdfunding-Gedankens steckt also ein bewusster und freiwilliger, nicht immer vollkommen uneigennütziger Akt der Unterstützung einer Sache, die für gut, richtig oder nützlich empfunden wird. Das hat die digitale Crowdfunding-Kollekte mit traditionellen Fundraising-Modellen gemeinsam.

Ähnlich wie beim Fundraising bestimmt deswegen die Motivierbarkeit der potentiellen Unterstützer die Erfolgssaussichten des jeweiligen Projekts. Autoren, Musiker oder Software-Entwickler, die bereits etwas vorweisen können – ein E-Book, ein digitales Album oder eine App, haben es dabei deutlich einfacher. Natürlich muss man auch (außer vielleicht Goodies) gar nichts verschenken: längst wird Crowdpublishing auch von Autoren und Verlagen ganz selbstverständlich genutzt, um ein Publikationsvorhaben, manchmal auch ein komplettes Jahresprogramm durch Vorbestellungen ohne Risiko zu finanzieren, und/oder um zugleich von den Marketing-Effekten der Crowdfunding-Kampagne zu profitieren.

Krautpublishing-ABC

„1000 True Friends"-Prinzip

Die Theorie der „1000 true fans" wurde von Kevin Kelly, Mitgründer des Wired-Magazins, erstmals im Jahr 2008 formuliert: „Ein Kreativer, also etwa ein Künstler, Musiker, Fotograf, Handwerker, Schauspieler, Zeichner, Designer, Filmemacher oder Autor – muss lediglich 1000 echte Fans um sich versammeln, um seinen Lebensunterhalt bestreiten zu können", behauptete Kelly mit Bezug auf das Direktvermarktungs-Potential von digitalen Medien und World Wide Web.

Alles-oder-nichts-Prinzip (siehe Threshold-Pledge-System)

Artisanal Publishing

Vorbild für die unternehmerische Herangehensweise an das Self-Publishing ist Guy Kawasakis Publishing-Methode „APE", also „Author, Publisher, Entrepreneur". Genau diese drei Rollen muss ein erfolgreicher Indie-Autor Kawasaki zufolge ausfüllen. In seinem gleichnamigen Buch spricht der ehemalige Apple-Evangelist von „artisanal publishing" – es geht also darum, selbst kunstvoll die Hand anzulegen: „Artisanal Publishing richtet sich an Autoren, die ihr Handwerk lieben, und den gesamten Entstehungsprozess vom Anfang bis zum Ende kontrollieren. Bei dieser neuen Methode begeben sich Kreative nicht mehr in die Hände von großen, traditionellen Verlagen, und die Leser bekommen mehr Bücher zu lesen." Ein Element ist dabei auch die Crowd – von Crowdsourcing bei der Produktion von Cover und Inhalt bis zur Vermarktung.

Backer (siehe Unterstützer)

BookSprint

kollaboratives digitales Publishingprojekt, bei dem in wenigen Tagen ein als E-Book bzw. Print On Demand veröffentlichtes Buch entsteht (vgl. Crowdsourcing). Für Book Sprints finden sich insbesondere auf Konferenzen Expertenteams zusammen, die gemeinsam die Struktur planen, einzelne Kapitel schreiben und die Redaktion übernehmen. Oft hilft bei der Organisation ein sogenannter „Facilitator“. Mit Hilfe von Online-Tools wie BookType (s.u.) oder PressBooks sind BookSprints grundsätzlich auch möglich, wenn die Teilnehmer nicht am selben Ort arbeiten. Die Ergebnisse von Book Sprints werden in der Regel unter freien Lizenzen wie Creative Commons veröffentlicht und sind online kostenlos zugänglich. Die Methode des BookSprints überträgt Ansätze aus der freien Softwareszene („Programmier-Sprints“, „Hackathons“ etc.) auf die Buchbranche, und wurde erstmals 2008 vom Plattform-Entwickler Adam Hyde zum Erstellen von Open Source-Handbüchern (vgl. FLOSS Manuals, „Free/Libre Open Source Software“) angewendet (siehe flossmanuals.net). Im Zusammenhang mit den ersten Book Sprints im Rahmen der FLOSS-Bewegung entstand mit „BookType“ eine Software (siehe die mit „BookType“ betriebene Online-Plattform booki.cc), die das kollaborative Arbeiten an Buchprojekten erleichtert und sowohl die Erstellung von E-Books wie auch digitalen Druckvorlagen ermöglicht.

Creative Commons Lizenz

abgekürzt auch (cc), versteht sich als Gegenkonzept zum klassischen Urheberrecht bzw. Copyright (c), das bisher die Nutzung, Bearbeitung und Weitergabe von geistigem Eigentum während einer Schutzfrist (bei Büchern derzeit: 70 Jahre nach dem Tod des Autors) exklusiv einem Rechteinhaber vorbehält. Die cc-Lizenz wurde seit 2001 von einer Initiative rund um den US-Juristen Lawrence Lessig entwickelt, um das Copyright den veränderten medialen Möglichkeiten anzupassen. Gerade in der digitalen Welt hat sich eine Gegenkultur etabliert, die sowohl auf „Sharing" wie auch „Remix" basiert, und neben enormem kreativen Potential auch ganz neue Geschäftsmodelle ermöglicht, die für die gesamte Community Vorteile bieten. Je mehr Inhalte unter einer nicht-exklusiven cc-Lizenz veröffentlicht werden, desto größer wird die „Allmende" (so lässt sich das Wort „Commons" übersetzen), also der gemeinschaftliche Besitz.

Ein gutes Beispiel dafür sind die kostenlos nutzbaren Inhalte der online publizierten Enzyklopädie Wikipedia. Den Grad der Nicht-Exklusivität kann der jeweilige Urheber sehr flexibel definieren, so gibt es z.B. cc-Lizenzen, die eine Nutzung nur bei Nennung des Autors bzw. Künstlers erlauben (BY, „Attribution"), die Bearbeitung ausschließen („ND", „No Derivatives"), die kommerzielle Nutzung untersagen („NC", „Non-Commercial") oder die Weitergabe von verändertem Material nur unter denselben Lizenzbedingungen erlauben („SA", „Share-Alike"). Eine typische cc-Lizenz kann z.B. „cc-by-nc-nd" oder „cc-by-sa" lauten, in letzterem Fall wäre also die kommerzielle Nutzung sowie die Bearbeitung erlaubt, solange man den Namen des Produzenten angibt und den bearbeiteten Inhalt (z.B. die deutsche Übersetzung eines englischen E-Books) unter denselben Lizenzbedingungen verbreitet.

Entsprechende Lizenzen lassen sich dank spezieller Onlinetools einfach generieren, in dem via Webbrowser Schritt für Schritt verschiedene Fragen zum beabsichtigten Umgang mit einem bestimmten Werk beantwortet werden (Etwa: „Möchten Sie kommerzielle Nutzungen Ihres Werkes erlauben?“) Siehe: creativecommons.org/ choose/?lang=de Ein besonderer Fall ist die cc-0-Lizenz („cc-Null-Lizenz“), bei der auf jegliches Copyright verzichtet wird. Ein betreffendes Werk wäre damit gemeinfrei, würde also der Public Domain angehören, ähnlich wie klassische Werke, deren Schutzfristen ausgelaufen sind.

Klassische Wege der Verwertung bleiben auch bei cc-Lizenzen möglich: In der Buchbranche werden etwa in vielen Fällen E-Books kostenlos unter cc-Lizenz weitergegeben, während die gedruckte Version ganz normal mit Copyright versehen im Buchhandel verkauft wird. Zu den prominentesten Autoren, die cc-Lizenzen im digitalen Bereich sehr effektiv einsetzen, gehört der kanadische Blogger und Schriftsteller Cory Doctorow. Seine Romane wie „Little Brother“ oder „Homeland“ wurden unter weitgehenden cc-Lizenzen veröffentlicht, die auch die Bearbeitung ermöglichten. Somit konnte die Lesercommunity nicht nur die Formatierung der E-Books in alle möglichen denkbaren Formate übernehmen, sondern auch die Übersetzung in andere Sprachen. Zugleich sorgte die große Reichweite der elektronischen Versionen dafür, dass die klassisch bei einem Verlag erschienene Druckausgabe sich sehr gut verkaufte.

Crowdfunding

(Zusammensetzung aus „Crowd“ = Massen der Internet-Nutzer plus „Funding“ bzw. „Fundraising“ = Finanzierung, Mittelbeschaffung. In Deutschland auch als Schwarmfinanzierung, Massenspenden oder Krautfunding bezeichnet) Das Wort entstand Mitte der Nuller Jahre im Zusammenhang mit dem Siegeszug der Social Media (Facebook, Twitter etc.) und des Micropayments (PayPal etc.). Klassische Formen des Spendensammelns wurden mit den neuen Interaktionsmöglichkeiten des Web 2.0 und elektronischen Bezahlmethoden verbunden. Neben Direktspenden über C.-Netzwerke (Flattr, Kachingle) werden die meisten Spenden projektbezogen auf C.-Plattformen gesammelt, im Jahr 2014 kamen so in Deutschland insgesamt 8,7 Millionen Euro zusammen.

Crowdfunding-Kampagne

(„Spendensammel-Aktion“) auf Spendenplattformen ist jedes Projekt in verschiedene Phasen unterteilt. In der Start- bzw. Vorbereitungsphase ist die Projektpräsentation bereits online, es kann noch nicht gespendet werden. Um die Spendenphase zu erreichen, müssen zunächst genügend Fans für das Projekt gestimmt haben. Die Spendenphase selbst dauert in der Regel vier bis sechs Wochen, es sind jedoch je nach gewählter Plattform auch andere Zeitrahmen möglich. Während der Spendenphase gilt es nicht nur zahlende Unterstützer zu gewinnen, sondern auch die Zahl der Fans (Multiplikatoren!) weiter zu steigern. Projekt-Updates halten die Unterstützer auf dem Laufenden und geben der C.-Kampagne ihre eigene Dramaturgie. Das Spendenziel wird oft bereits vor Ablauf des Enddatums erreicht, der endgültige Erfolg einer Spendenkampagne kann deswegen auch am Grad der „Überzeichnung“ abgelesen werden (z.B. „Spendenziel zu 125 Prozent erreicht“).

Verlauf einer Crowdfunding-Kampagne

Da Kickstarter sozusagen als die Mutter aller großen Crowdfunding-Plattformen gelten darf, zeigt ein Blick auf den Ablauf der dortigen Spendenkampagnen sehr gut die Prinzipien, die auch für deutsche Varianten wie Startnext gelten. Der Fachbegriff für eine solche Plattform ist Threshold Pledge System, was man etwa mit Spenden-Schwellen-System übersetzen könnte. Auch beim klassischen Fundraising bestimmt oft eine Spendensumme die Dramaturgie von Sammelaktionen: wird das Ziel erreicht? Und wenn ja, wann? (Massen-)Psychologie kommt dabei natürlich ebenfalls ins Spiel. Je näher das Ziel heranrückt, desto größer die Motivation für den Einzelnen, vor dem Ende der Aktion auch noch etwas beizutragen.

Mindestsumme, Laufzeit, Belohnungen

Auch bei einer Crowdfunding-Kampagne auf Kickstarter wird zunächst einmal eine Mindestsumme angegeben, die zur Realisierung des jeweiligen Projektes erreicht werden soll, beispielsweise 500, 5.000 oder 50.000 Dollar. Als nächstes setzt man sich eine Deadline – bei Kickstarter beträgt die maximale Laufzeit 60 Tage. Besonders wichtig zur Motivation der Unterstützer sind die sogenannten Incentives oder Rewards – je nach Spendenhöhe werden bestimmte Belohnungen verteilt. Das können Aufkleber, Poster, Postkarten sein, aber auch handsignierte CD's, Eintrittskarten für eine Release-Party oder ein Candle-Light-Dinner. Oft bekommt man bei Kickstarter ab einem bestimmten Betrag auch das Produkt selbst, vom Selbstbau-Kit bis zur limitierten De-Luxe-Version. Einige der erfolgreichsten Kickstarter-Kampagnen drehten sich um solche Pre-Order-Modelle.

Fehlt natürlich noch die Crowd – um möglichst viele Menschen zu überzeugen, braucht man eine ansprechende Projektpräsentation. Wichtigstes Element ist dabei das „Pitch-Video" – als Projektstarter darf man also nicht kamerascheu sein. Die Unterstützer wollen schließlich wissen, mit wem sie es zu tun haben. Zumindest in wenigen Worten sollte man sich also direkt an das Publikum wenden. Man kann das Pitch-Video als eine gute Übung sehen, das Projekt möglichst prägnant auf den Punkt zu bringen. Auführlicher darf man dann in der Textversion werden, die idealerweise mit Fotos oder Skizzen ergänzt wird. Falls man keine separate Website bzw. Blog aufbaut, ist das

Projektprofil neben dem Twitter- und Facebook-Profil die wichtigste Adresse für alle potentiellen Crowdfunder. Hier wird dann über Projekt-Updates auch die Unterstützer-Community auf dem Laufenden gehalten.

Neben den potentiellen Spendern gibt es noch eine weitere, größere Zielgruppe, an die sich eine Crowdfunding-Kampagne richtet: Fans und Multiplikatoren, die innerhalb ihrer eigenen Community auf das Projekt hinweisen und verlinken. Auf vielen Crowdfunding-Plattformen beginnt die eigentliche Spendenphase ohnehin erst, wenn man genügend solcher Fans gesammelt hat, die sich für das Projekt aussprechen. Social Media Kanäle haben deswegen bereits in dieser Warmlaufphase eine große Bedeutung.

Crowdinvestment

Während man beim Crowdfunding für ein Projekt spendet oder ein konkretes Produkt vorbestellt, wird man beim Crowd- bzw. Mikroinvestment zum stillen Teilhaber und darf beim geschäftlichen Erfolg des jeweiligen Unternehmers bzw. Startups mit einer Rendite rechnen. In der Regel laufen Crowdinvestment-Kampagnen hierzulande auf großen Plattformen wie Seedmatch, Innovestment oder Bergfürst. Nicht nur die Mindestbeiträge, auch die eingesammelten Summen sind deutlich größer als beim Crowdfunding: 2014 wurden in Deutschland via Crowdinvestment 14,7 Mio. Euro gesammelt, via klassischem Crowdfunding 8,7 Mio. Euro.

Crowdpublishing

(auch Krautpublishing genannt) alternative Form des Publizierens, bei der Buch-wie auch E-Book-Projekte von der Netzcommunity durch online getätigte Spenden bzw. Vorbestellungen vorfinanziert werden. Vorbild sind sowohl das traditionelle Subskriptionsmodell wie auch die als „Pre-Order-Prinzip“ bezeichnete Crowdfundingvariante.

Crowdfunding verbindet auf SocialMedia gestützte Netzwerkeffekte mit Fundraising, das über elektronische Bezahlmethoden abgewickelt wird. Über diese Form der „Schwarmfinanzierung“ werden mittlerweile zahlreiche Projekte im Kultur-, Medien-und Technikbereich finanziert. Oft dient Crowdfunding der risikoarmen Vermarktung von neuen Produkten bzw. von Content, die Unterstützung der Crowd ersetzt oder ergänzt klassisches Investmentkapital.

C.-Kampagnen werden oft auf speziellen Plattformen durchgeführt, die eine breite Community um sich versammeln, international etwa auf Kickstarter oder Indiegogo, in Deutschland auf Startnext oder Visionbakery. In den USA wurden zwischen 2009 und 2014 alleine via Kickstarter bereits 70 Millionen Dollar für C.-Projekte im Buch-und Comicbereich gesammelt (Startnext.de: 500.000 Euro in Zeitraum 2010 bis 2014). Manche C.-Kampagnen erreichen via Kickstarter sechs-bis siebenstellige Summen, in Deutschland wurden über die Startnext teilweise fünfstellige Summen erzielt.

Nach dem Vorbild der Musikbranche (Sell a band, Sonic Angle etc.) haben sich auf internationaler Bühne zahlreiche C.-Plattformen etabliert, die eine Mischung aus Verlag, Selfpublishing- und Crowdfundingplattform darstellen. Als Vorreiter gelten die bereits 2011 gegründete britische Plattform Unbound sowie die US-Plattform Pubslush. Eine neue Form von „Fan-Funding“ bietet die auf Storytelling spezialisierte Plattform Wattpad.

Vergleichbare deutsche Plattformen gibt es bisher noch nicht, allerdings hat im Frühjahr 2014 der Freiburger Kladdebuch Verlag eine enge Kooperation mit der Leipziger Crowdfundingplattform Visionbakery angekündigt. Die journalistische Crowdfundingplattform Krautreporter startete im Herbst 2014 ein crowdfinanziertes Onlinemagazin.

Eine spezielle Form von C. betreibt die US-Plattform Humble Bundle, die das Pay What You Want-Prinzip mit Content-Bundling kombiniert: grundsätzlich ist der Download von E-Book-, E-Comic- oder Games-Bündeln bereits ab 0,01 Cent möglich, gibt man mehr aus als der Durchschnitt, werden Bonusinhalte freigeschaltet, was die Spendenbereitschaft insgesamt stark erhöht.

Crowdsourcing

(Zusammensetzung aus „Crowd“ = Massen der Internetnutzer plus „[Out]-Sourcing“) Im engeren Sinne die Auslagerung von Arbeit auf die Intelligenz und die Arbeitskraft einer Masse von Freizeitarbeitern im Internet. C.-Erfinder Jeff Howe definiert auch Crowdfunding als eine Crowdsourcing-Variante neben Crowd-Voting, Crowd-Wisdom und Crowd-Creation.

Fan

auf vielen Spendenplattformen gelangen Projekte nur in die eigentliche Förderphase, wenn sie vorher genügend Fans sammeln können, die für das Projekt stimmen bzw. es unterstützen.

Flexible Funding-Kampagne

Im Unterschied zum Alles-oder-Nichts-Prinzip wird beim Flexible Funding das eingesammelte Geld auf jeden Fall ausgeschüttet, egal ob das gesetzte Spendenziel erreicht wird oder nicht. Zu den Crowdfunding-Plattformen, die solche Kampagnenformen abieten, gehört Indiegogo.

Fundraising

(auch: Spendensammeln, Mittelbeschaffung) umfasst sämtliche Aktivitäten von gemeinnützigen Organisationen und anderen Institutionen, um die notwendigen finanziellen Ressourcen zu sichern, inklusive Marketing und Public Relations. Das Internet hat sich dabei längst zum wichtigsten Kommunikationsmittel für Spendenkampagnen entwickelt. Die Entstehung des Crowdfunding beruht auf dem Transfer zentraler Fundraising-Elemente des Non-Profit-Bereichs in den Bereich der Kreativwirtschaft. Zugleich bietet es natürlich auch gemeinnützigen Organisationen neue Möglichkeiten projektbezogenen Fundraisings.

Gratis-Marketing

im E-Bookbereich insbesondere bei Selfpublishern und kleineren Verlagen sehr beliebte Marketingmethode, um kurzfristig Aufmerksamkeit für einen bestimmten Titel zu erzeugen, ohne gebührenpflichtige Werbung schalten zu müssen. Grundsätzlich ist es auch im Rahmen der deutschen Buchpreisbindung möglich, ein Buch zeitweilig an einem bestimmten Ort zum Preis von Null Euro anzubieten, während es anderswo weiterhin zu einem Festpreis oberhalb von Null Euro verkauft wird.

Viele Onlinehändler unterstützen G.-M. aktiv im Rahmen eigener Selfpublishing-Plattformen, um mehr Kunden an sich zu binden, etwa Amazon oder Kobo. Ziel bei solchen Marketingaktionen ist es zumeist, einen Titel möglichst hoch in speziellen Bestsellerrankings für Gratistitel zu platzieren. Bei Roman-und Comicserien werden manchmal die Pilotfolgen einer Serie bzw. Staffel zeitweise oder sogar dauerhaft umsonst angeboten, um möglichst viele Leser zum Einstieg in die Storyline zu bewegen.

Da elektronische Titel keine Kosten bei Vervielfältigung und Vertrieb verursachen, werden sie von manchen Marktteilnehmern grundsätzlich als kostenloses Marketinginstrument genutzt, während die eigentliche Wertschöpfung mit dem Verkauf von gedruckten Versionen stattfindet (vgl. z.B. Webcomics).

Eine besondere Form des G.-M. ist die immaterielle Bezahlung mit einer Empfehlung des jeweiligen Titels über soziale Netzwerke wie Twitter oder Facebook, siehe etwa den Dienst Pay with a Tweet – nach dem Verbreiten des Links wird dann ein kostenloser Downloadlink freigeschaltet. Bei Pay What You Want-Aktionen in Ländern ohne Buchpreisbindung gibt es manchmal zudem die Möglichkeit, einen Preis von Null Euro zu wählen.

Da es neben zeitlich begrenzten wie auch dauerhaften Gratisaktionen auch viele Public Domain-Titel zum kostenlosen Download gibt, ist die Gesamtzahl der umsonst erhältlichen E-Books sehr groß. Schätzungen zufolge wird etwa jedes zweite E-Book in Deutschland kostenlos heruntergeladen, selbst wenn man illegale Downloads nicht miteinrechnet.

Manche Plattformen haben die Sammlung und Ankündigung von Gratisaktionen zum Geschäftsmodell gemacht, zu den besonders aufwändig kuratierten Beispielen gehört die von Johannes zum Winkel gegründete Seite xtme.de

Goodies (siehe Incentives)

Gebühren

Kosten können beim Crowdfunding auf zwei Ebenen entstehen: einmal durch die Nutzung von Micropayment-Diensten wie etwa PayPal, zum anderen durch Gebühren, mit denen Spendenplattformen ihre Kosten decken. Transaktionsgebühren lassen sich teilweise ganz einfach vermeiden, wenn auch die normale Überweisung vom Konto bzw. via Lastschriftverfahren erlaubt ist. Alternative Micropayment-Modelle (FidorPay etc.) sind für Crowdfunder ebenfalls kostenlos. Gemeinnützige Plattformen wie etwa Startnext.de finanzieren sich zudem selbst über Spenden und erheben keine Gebühren.

Incentive

(auch: Goodies) motivierende Belohnung für Crowdfunding-Unterstützer, die oft nach Höhe der Spende gestaffelt sind. Besonders bei E-Books, Musik oder Comics sind personalisierte Exemplare mit Widmungen beliebt. Großspender werden oft auch mit besonderen Events oder V.I.P.-Kontakten zum Künstler/Produzenten belohnt.

Mikroinvestement

Während bei klassischen Crowdfunding-Plattformen Geld in Form von Spenden gesammelt wird, für die es lediglich Belohnungen („Incentives“) oder ein Produkt gibt („Pre-Order-Modell“), wird man bei M.-Plattformen zum stillen Teilhaber. Die Mindestsummen sind im Unterschied zu herkömmlichen Investment-Projekten deutlich niedriger.

Micropayment

elektronisches Bezahlen von Klein(st)beträgen, zumeist über das Internet. M. wird vor allem Bereich des Paid Content genutzt, also bei kostenpflichtigen digitalen Gütern. Die besonders einfache Bezahlmethode per Mausklick ist auch eine Voraussetzung für den Crowdfunding-Boom, da somit eine wichtige Hemmschwelle für das Spenden im Internet entfällt, worauf z.B. auch Direktspenden-Dienste wie Flattr basieren. Nachteil bei vielen M.-Methoden (z.B. PayPal) ist das Anfallen von Gebühren. Deutsche M.-Alternativen zu PayPal stellen Anbieter wie sofortueberweisung.de oder FidorPay zur Verfügung.

„Obama-Effekt"

bezeichnet den Trend zum spendenfinanzierten Journalismus. Die Crowdfunding-Expertin Tanja Aitamurto sprach bereits Ende der Nuller Jahre im Hinblick auf die USA von einen „Obama-Effekt": „Die Leute können mit kleinen Summen genau den Journalismus unterstützen, den sie mögen, und die Masse der Spender kann zusammen tatsächlich etwas bewirken. Genauso wie Obama während seiner [ersten] Präsidentschaftskampagne durch die Menge der Kleinspenden am Ende erfolgreich war." Parallel zu crowdgefundeten, in der Regel frei zugänglichen Inhalten von Plattformen wie etwa spot.us entwickelten sich Formen eines rein leserfinanzierten Webjournalismus mit Zugangsbeschränkung für zahlende Abonnenten, vgl. etwa die französische Online-Zeitung Mediapart oder das deutsche Projekt Krautreporter.

Pay-what-you-want

(engl. „bezahl was du willst"), im Bereich des Crowdpublishings genutzte Marketingmethode, bei der Käufer den Preis für einen Download selbst bestimmen können. In manchen Fällen ist auch die Angabe von Null Cent als Preis möglich, so dass PWYW sich mit methodisch mit Gratis-Marketing überschneidet. Vor allem funktioniert PWYW als flexibles Instrument für die Preisfindung, das die Entscheidung dem Kunden überlässt. Die auf Crowdpublishing und Bundling spezialisierte Plattform Humble Bundle kombiniert PWYW sehr erfolgreich mit weiteren Fundraising-Elementen, etwa der Möglichkeit, einen Teil des Geldes für wohltätige Zwecke zu verwenden oder je nach Höhe des Beitrags zusätzliche Inhalte als Belohnung freizuschalten. Die Buchpreisbindung verhindert hierzulande PWYW bei klassischen E-Books, bei multimedial angereicherten „enhanced E-Books“ oder Hörbüchern ist die Methode aber möglich.

Pitch-Video

(„Präsentations-Video“, „Promo-Video“, siehe auch: Sales-Pitch) bei vielen Spendenplattformen ist neben einer schriftlichen Projektvorstellung eine Video-Präsentation verpflichtend. Im einfachsten Fall wenden sich die Projektplaner in ihrem P.-V. direkt an die potentiellen Unterstützer und geben einen kurzen Überblick. Je komplexer die Materie, desto empfehlenswerter sind jedoch auch Grafiken bzw. Animationen. Wichtig ist jedoch auch, dass die Crowd sich auch ein Bild von den Personen machen kann, die hinter dem Projekt stehen.

Pre-Order

Vorfinanzierung eines Produkts durch online getätigte Vorbestellungen. Auf vielen Crowdfundingplattformen gehören Kampagnen mit P.-O. inzwischen zu den häufigsten Formen der netzbasierten „Schwarmfinanzierung“.

Um besondere Anreize für Unterstützer zu geben, werden zu einem höheren Preis oft parallel auch limitierte Auflagen und weitere Sonderleistungen angeboten. Wird die Veröffentlichung von Büchern bzw. E-Books auf diese Weise vorfinanziert, spricht man auch von Crowdpublishing. Das P.-O.-Modell wird sowohl von Selfpublishern wie auch von Verlagen genutzt. Manche Crowdfundingplattformen haben sich auf Crowdpublishing-Kampagnen spezialisiert, etwa die britische Plattform unbound, und auf diese Weise selbst eine neue Form des Verlags etabliert.

Neben dem Aspekt der Vorfinanzierung dient eine P.-O.-Kampagne zugleich auch der Vorabvermarktung, da in der Regel die Bücher nach der Startphase auch weiterhin lieferbar bleiben, etwa als E-Book oder via Print On Demand. Grundsätzlich ähnelt das P.-O.-Modell der klassischen Subskription (von lat. subscribere: unterschreiben, abonnieren), mit dem im Buchhandel schon seit dem 17. und 18. Jahrhundert vor allem bei aufwändigen Werken wie etwa Enzyklopädien das verlegerische Risiko minimiert wurde. Häufig wurden prominente Subskribenten auf einem eigenen Vorsatzblatt genannt, bei Büchern, die via Crowdpublishing herausgebracht werden, finden sich in manchen Fällen die Namen sämtlicher Unterstützer im Anhang.

Im Rahmen der traditionellen Subskription sind in Deutschland auch Abweichungen von der Buchpreisbindung erlaubt. Ein Preisnachlass für Subskribenten darf drei Monate über das Erscheinen des Werkes hinaus allen Käufern gewährt werden, solange er den endgültigen Ladenpreis nicht um mehr als 20 Prozent unterschreitet. Besondere Bedeutung haben P.-O.-Modelle im Bereich von Comics und Graphic Novels, da die in der Regel durchgehend farbigen Publikationen hohe Druckkosten verursachen und nur in vergleichsweise kleinen Auflagen herausgebracht werden. Manche Comicverlage in den USA finanzieren bereits ihr komplettes Programm mit online getätigten Vorbestellungen.

Projekt-Updates

auf Spendenplattformen werden Unterstützer und Fans eines Projekts schon während der Laufzeit der Spendenkampagne durch regelmäßige Updates auf dem Laufenden gehalten. P.-U.s sollen Vertrauen bilden, Transparenz schaffen und damit zugleich auch zum Spenden motivieren. Wichtig ist aber auch der Informationsfluss zwischen erfolgreichem Abschluss der Spendensammlung und der Realisierung des Projekts bzw. der Auslieferung des versprochenen Produktes.

Public Domain (E-Books)

(engl. „öffentlicher Besitz"), im Bereich von E-Books gemeinfreie Werke, die nicht unter Copyright bzw. Urheberrecht fallen und somit kostenlos genutzt und auch verändert werden können.

Ob ein im World Wide Web über ein Onlinearchiv wie Project Gutenberg oder Internet Archive weltweit verfügbares Werk tatsächlich vor Ort ohne Einschränkungen frei genutzt werden kann, hängt jeweils vom nationalen Recht ab.

In Deutschland gelten Werke siebzig Jahre nach dem Tod des Autors bzw. letzten lebenden Ko-Autors als gemeinfrei. Stichtag für die Berechnung der Schutzfrist ist dabei der 1. Januar des jeweils folgenden Jahres. Ist der Autor eines Werkes beispielsweise im Jahr 1944 gestorben, sind seine Werke ab dem 1. Januar 2015 nicht mehr urheberrechtlich geschützt.

Dem Status von Public Domain kommt im Bereich von Creative Commons die sogenannte cc-Null-Lizenz (cc-0) nahe, da auf sämtliche Einschränkungen wie Namensnennung, nicht-kommerzielle Verwendung oder den Ausschluss von Bearbeitungen verzichtet wird.

Sales-Pitch

(Sales- „Verkaufs-“ plus „Pitch“ -präsentation) zentrales Element einer Crowdfunding-Kampagne ist eine möglichst wirkungsvolle Projektbeschreibung, die idealerweise nicht nur mit Text, sondern auch Bildern und Video (siehe Pitch-Video) arbeitet. Im Vordergrund sollte neben dem praktischen Nutzen des Projekts auch die „Story“ und die persönliche Motivation der Projektverantwortlichen stehen. Wichtig ist neben größtmöglicher Transparenz natürlich auch Authentizität.

Spendenbalken

(auch: Spendenwidget) zentrales Element auf Spendenplattformen ist die grafische Darstellung der bisherigen Spendentätigkeit eines laufenden Projektes, meist in Form einer Balkengrafik in Verbindung mi tnumerischen Angaben zur erreichten Prozentzahl, zur erreichten Summe, zur verbleibenden Zeit und der Zahl der Unterstützer. Der Spendenbalken sorgt für Transparenz und motiviert zum Spenden. Projekte, die zur Halbzeit mindestens mehr als ein Drittel der benötigten Summe erreicht haben, werden in den meisten Fällen erfolgreich abgeschlossen.

Street Performer Protocol

Vergleichbar mit einer klassischen Subskription definiert der Urheber, Produzent oder Verlag eine Summe, die er zur Umsetzung seines Vorhabens benötigt und ruft im Vorhinein das interessierte Publikum zu Spenden auf. Kommt die notwendige Summe zusammen, wird das Werk produziert und steht fortan unter einer freien Lizenz wie z.B. Creative Commons der Allgemeinheit zur Verfügung (vgl. die Plattform Unglue.it)

Subskriptionsmodell (siehePre-Order-Modell)

Threshold Pledge System

(Spenden-Schwellen-System, auch: Spenden-Plattform) auf klassischen Spendenplattformen wie Kickstarter oder Startnext wird für jedes Projektein Spendenziel festgelegt, das in einem bestimmten Zeitraum erreicht werden muss. Ausgezahlt wird die Gesamtsumme zumeist nur, wenn diese Mindestschwelle erreicht wird („Alles-oder-nichts-Prinzip“). Ansonsten fließt das Geld an die einzelnen Spender zurück.

Unterstützer

(auch: Backer) im Unterschied zu „Fans“, die über ein Projekt nur abstimmen oder es über soziale Netzwerke bewerten und promoten, engagieren sich U. finanziell, was zumeist mit speziellen Incentives belohnt wird bzw. bei Pre-Order-Modellen die Lieferung eines bestimmten Produktes beinhaltet.

User Generated Content

Digitale Inhalte, die von den Nutzern einer Web-Plattform individuell oder kollaborativ erstellt und anderen Nutzern zur Verfügung gestellt werden. Abgesehen von themenunspezifischen Social Media-Portalen wie Twitter und Facebook spielt U.G.C. eine zentrale Rolle bei Internet-Diskussionsforen und sogenannten Wikis (vgl. Wikipedia). Zudem profitierten viele Online-Shops bereits früh von öffentlich sichtbaren Empfehlungen, Bewertungen und Kommentaren ihrer Kunden, durch die insbesondere die Discoverability von einzelnen Artikeln verbessert wird.

Im Online-Buchhandel wurden etwa Leser-Rezensionen bereits in den 1990er Jahren als Marketing-Instrument eingesetzt. In manchen Bereichen des Verlagswesens hat U.G.C. bestehenden Geschäftsmodelle teilweise die Grundlage entzogen, so etwa bei Fachbüchern und Fachzeitschriften, deren

Nutzwert durch das von Internet-Foren gesammelte Wissen ersetzt wird, oder im Bereich von Enzyklopädien, wo insbesondere das Mitmach-Prinzip von Wikipedia das Zeitalter gedruckter Konversationslexika abgelöst hat. Die Inhalte von Social Reading-Plattformen basieren ebenfalls auf dem Prinzip des U.G.C.

Eine wichtige Rolle bei verschiedenen Formen von U.G.C. spielen nicht-exklusive Lizenzen wie Creative Commons, mit denen die von den Nutzern produzierte Inhalte den Status einer Allmende des Wissens erhalten, die allen Menschen kostenlos zur Verfügung steht.

Thank-You-Economy

von Gary Vaynerchuk (vgl. das gleichnamige Sachbuch) geprägter Begriff, der die veränderte Beziehung zwischen Unternehmen und Kunden im Social-Media-Zeitalter auf den Punkt bringt: statt hierarchischer Einweg-Massenkommunikation gibt es nun ein Netzwerk von individuellen, gleichberechtigten Kommunikationspartnern, für den geschäftlichen Erfolg ist soziales Verhalten und eine gute Reputation in der Netzgemeinde unverzichtbar. Auf diesem „social turn" der Internet-Ökonomie fusst auch die Crowdfunding- und Crowdpublishing-Logik, bei der aus den normalen Kunden aktive Unterstützer werden, die ein Projekt nicht nur mit Geld, sondern auch durch das Empfehlen via Facebook, Twitter & Co. voranbringen. Die Prinzipien der „Dankeschön-Ökonomie" gelten dabei sowohl für Fundraising zum guten Zweck wie auch für die crowdgestützte Vermarktung.

Plattformen im Überblick

a) International

Flattr

Claim: „The Social Way to Get Paid Online“

Crowdfunding-Netzwerk aus Schweden, gegründet 2010 von Pirate Bay-Aktivisten um Peter Sunde. Flattr-Buttons lassen sich für beliebigen Web-Content definieren, vom Blog-Artikel bis zu Audio- und Video-Downloads. Gezählt werden die Klicks, mit denen sich andere Flattr-Mitgliedern beim Autor bedanken. Der monatliche Mitgliedsbeitrag wird auf die angeklickten Buttons verteilt. Möglich sind zudem auch Direktspenden in beliebiger Höhe. Über die „Subscribe“-Funktion lässt sich ein Button auch für 3, 6 oder 12 Monate abonnieren. Dank Twitter-Integration geht das „Flattern“ mittlerweile sogar ganz ohne Button, alles was man braucht, ist die Twitter-Adresse des Adressaten. Monatlicher Mitgliedsbeitrag: mindestens 2 Euro, maximal 100 Euro.

Humble Bundle

(engl. „bescheidenes Bündel“), auf Bundling von digitalem Content wie Games, MP3-Hörbuch, E-Books und E-Comics spezialisierte Crowdpublishing-Plattform aus den USA, die eine spezielle Form des Pay What You Want-Prinzips praktiziert: zahlt man während der jeweils 14-tägigen Kampagnen mehr als den aktuellen Durchschnittswert, werden zusätzliche Inhalte freigeschaltet.

Abgesehen vom Preis kann der Käufer zudem festlegen, wie die Kaufsumme aufgeteilt wird. Neben der

Tantieme für die Autoren bzw. Verlage und einem Trinkgeld für die Plattform kann man Geld an gemeinnützige Organisationen spenden. Über virtuelle Schieberegler kann man den Proporz frei gestalten, spezielle Buttons ermöglichen es auch, die komplette Summe entweder zu spenden oder an die Autoren zu geben.

An den Start gegangen ist die Plattform mit dem „Bezahl was du willst-Prinzip“ schon 2010 unter dem Namen „Humble Indie Bundle“, und sollte zunächst unabhängigen Spieleentwicklern die Vermarktung ihrer Produkte ermöglichen, recht schnell wurde das Konzept aber erweitert. Insgesamt brachten 46 Humble Bundle-Aktionen bis Mitte 2014 mehr als 80 Millionen Dollar Umsatz. Der Durchschnittspreis pro verkauftem Bündel lag dabei über alle Kategorien bei 6 Dollar, E-Book-Bundle erzielten mehr als 10 Dollar.

Ein vergleichbares Bundlingmodell bei konventionellen E-Books wäre in Deutschland aufgrund der Buchpreisbindung nicht möglich, bei Hörbüchern, E-Comics oder multimedial erweiterten E-Book-Apps dagegen durchaus.

Kickstarter.com

Claim: „A new way to Fund & Follow Creativity“

Kickstarter gilt als Mutter aller Crowdfunding-Plattformen überhaupt. Das 2009 von Charles Adler, Perry Chen und Yancey Strickler gegründete Unternehmen entwickelte sich im englischsprachigen Raum rasch zur ersten Anlaufstelle nicht nur für das Einsammeln von Massenspenden, sondern vor allem für die Pre-Order-Vermarktung von Gadgets und Content.

Bis Anfang 2015 erzielten erfolgreich abgeschlossenen Kampagnen fast 1,5 Milliarden Dollar (zum Vergleich: Startnext 20 Mio. Euro). Mittlerweile hat Kickstarter auch eine deutschsprachige Sektion. Zu den eindrucksvollsten Kickstarter-Projekten aller Zeiten gehören die Smartwatch Pebble (20 Mio. Dollar), Neil Youngs Hi-End-Walkman Pono (6 Mio. Dollar) sowie der 3D-Zeichenstift Doodler (2 Mio. Dollar). Aber auch weit unterhalb der Millionen-Dollar-Schwelle ist eine Menge los, gerade im Bereich Content: so wurden via Kickstarter im Rahmen von mehr als 20.000 Publishing-Projekten schon fast 100 Millionen Dollar gesammelt (zum Vergleich: Startnext bis 2014 knapp 500.000 Euro), einen besonders hohen Anteil (40 Mio. Dollar) hatten dabei Comics.

Indiegogo

Claim: „The world's funding platform. Go fund yourself."

Die Gründung von Indiegogo wurde 2008 auf dem Sundance-Filmfestival bekanntgegeben – und tatsächlich richtete sich die Plattform ursprünglich an Filmemacher. Das hat sich jedoch längst geändert: neben kreativen Projekten aller Art vom Comic über Mode bis zum Theater werden auf Indiegogo auch Games, Gadgets und sonstige Gebrauchsgüter via Pre-Order vermarktet. Im Unterschied zu Kickstarter richtet sich Indiegogo an ein internationales Publikum, Kampagnen sind mittlerweile auch in der Währung Euro möglich. Eine weitere Besonderheit sind sogenannte „Flexible Funding"-Kampagnen: unabhängig vom Erreichen des eigentlichen Ziels fließen in diesem Fall alle Beträge an den Projektstarter.

Pentian

Crowdpublishing war finanziell gesehen bisher eine Einbahnstraße: Autoren oder Verlage sammelte Vorbestellungen, als Gegenwert erhalten die Unterstützer am Ende das fertige Produkt, ob nun Print-Buch oder E-Book, manchmal auch noch spezielle Goodies wie signierte Exemplare, Poster, T-Shirts oder eine Einladung zur Release-Party. Bei der spanischen Crowdpublishing-Plattform Pentian ist das anders: neben Crowdfunding-Elementen kommt hier auch Crowdinvestment dazu – die Hälfte der Erlöse fließt an die Crowd zurück. Den Rest teilen sich Autor und Plattform im Verhältnis 40 zu 10 Prozent.

Das Modell ist offenbar auch deswegen so erfolgreich, weil die Unterstützer in ihrer Eigenschaft als Investoren ein besonders großes Interesse daran haben, das Produkt im eigenen Freundes- und Followerkreis zu promoten. Außerdem gilt bei Pentian ein verschärftes Alles-oder-nichts-Prinzip: sobald die benötigte Summe erreicht ist, endet die maximal zweimonatige Kampagne sofort – was ab Quoten von 80 Prozent und mehr regelmäßig zu rasanten Endspurts führt. Da es um Crowdinvestment geht, sind auch die individuellen Summen größer: je nach Projektvolumen ist man z.T. erst ab 50 Dollar dabei, kann aber auch bis zu 1.000 Dollar anlegen. Die Beteiligungen sind entsprechend der Investitionshöhe zwischen 0,5 bis 10 Prozent gestaffelt, ein Buch braucht mindestens 10, höchstens

100 Unterstützer, um erfolgreich zu sein.

Nach dem sich Pentian auf diese Weise bereits 6 Prozent des Self-Publishing-Marktes in Spanien gesichert hat, begann im Sommer 2014 die Internationalisierung. Als erstes wurde der US-Markt anvisiert. Inzwischen umasst das Verlagsprogramm mehr als 6.000 Titel, lieferbar im gesamten Buchhandel – wobei Pentian im Kern natürlich kein klassischer Verlag ist, denn über den Inhalt entscheiden die Autoren selbst. Nur für die äußere Form und den Vertrieb sorgen Publishing-Spezialisten.

Pubslush

Mit Pubslush drängt seit kurzem auch eine US-Plattform auf den internationalen Markt. Pubslush versteht sich als „global crowdfunding and analytics platform for books“, und hat sich vor allem zwei Ziele gesetzt: das Verlegen von Büchern soll demokratischer, aber auch sozialverträglicher werden. Für jeden via Pubslush verkauften Titel wird ein Kinderbuch an bedürftige Kinder in aller Welt gespendet.

Doch auch völlig abgesehen vom philanthropischen Impuls scheint Pubslush alles richtig zu machen: integrativer Bestandteil ist eine wachsende Community aus Lesern/Unterstützern und Autoren, dank Flexible Funding statt Alles-oder-Nichts sind die Chancen zur Realisierung eines Projekts sehr gut, es stehen ausgefeilte Analyse-Tools zur Verfügung, um den Erfolg zu messen, und auch die Gebühren für eine Crowdpublishing-Kampagne sind mit 4 Prozent sehr niedrig. Außerdem wendet sich Pubslush nicht nur an

Self-Publisher, sondern explizit auch an Agenten und Verlage – sie können ein eigenes Profil anlegen und für ihre Projekte von Anfang an Feedback aus der Crowd sammeln, von Likes und Kommentaren bis hin zu konkreten Vorbestellungen.

Spot.us

Claim: „Community powered reporting“

Spot.us (gegründet 2008) ist eine Non-Profit-Organisation, die sich auf die crowdbasierte Finanzierung von journalistischer Recherche spezialisiert hat. Reportagen entstehen entweder aus einem Pitch (also einer Vorlage) oder aus einem Tipp. Ein Pitch ist das Angebot eines Journalisten, für eine bestimmte Summe Geld über ein Thema zu schreiben. Ein Tipp ist der Artikelwunsch eines Lesers über ein Thema, der von einem Journalisten aufgegegriffen und ebenfalls bei Spot.us „gepitcht“ wird. Kleinere Reportagen gibt's für einige hundert Dollar, die größten kosten einige tausend Dollar. Spot.us ist gemeinnützig, d.h. Spenden können von der Steuer abgesetzt werden. Wird das Spendenziel nicht erreicht, können sich die Journalisten entscheiden, eine Story trotzdem zu machen. Die fertigen Reportagen gehen in die Allmende über, sie sind Creative Commons-lizensiert und dürfen kostenlos abgedruckt werden. Medien können aber für eine begrenzte Zeit das Copyright für einen Artikel erhalten, wenn sie mehr als 50 Prozent der notwendigen Spendensumme übernehmen.

Unglue.it

Crowdpublishing-Plattform aus den USA, die digitale Ausgaben ausgewählter moderner Klassiker wie auch aktueller Werke weltweit kostenlos für die Allgemeinheit verfügbar machen will, insbesondere auch zur Nutzung in Bibliotheken. Massenspenden aus dem Netz sollen den jeweiligen Rechteinhaber dazu bewegen, das Werk unter Creative Commons (cc-) Lizenz zu stellen. Analog zum sogenannten „Street Performer Protocol“ wird eine Mindestschwelle gesetzt, die für die „Befreiung“ eines Titels erreicht werden muss.

Sobald die Summe erreicht wurde, erscheint eine DRM-freie cc-Version des E-Books. Die weitere Verwertung wird dadurch nicht gestört. Die nicht-exklusiven Creative Commons-Lizenzen schließen kommerzielle Varianten eines Werkes nicht aus.

Neben solchen Kampagenen zur Befreiung bzw. Loslösung von E-Book-Ausgaben können sich Leser bei Autoren via Unglue.it auch für die kostenlose Nutzung von bereits cc-lizensierten Werken bedanken.

Unbound.co.uk

Crowdpublishing-Plattform aus Großbritannien, die sich als Alternative zu bisherigen Verlagen versteht. Ob ein Buch erscheint oder nicht, entscheiden die Leser über das Subskriptions-bzw. Pre Order-Prinzip. Bei „Evil Machines“, einem Erzählband des Ex-Monty-Python Terry Jones klappte das im Jahr 2011 zum ersten Mal, inzwischen sind über die Plattform bereits Dutzende Titel durch die Crowdfunding-Community realisiert worden. Das Ergebnis unterscheidet sich nicht von einem gut gemachten klassischen Verlagsprodukt, es gibt professionellen Satz, stabile Bindung, Lesebändchen und grafisch schön gestaltete Cover-Innenseiten. Die E-Book-Versionen werden grundsätzlich ohne DRM veröffentlich.

Als ein auf Direktvertrieb spezialierter Verlag neuen Typs hat sich Unbound konsequenterweise auf unabhängige Autoren spezialisiert. Die Spendensumme wird fifty-fifty mit ihnengeteilt. Die Publikationsgeschwindigkeit ist ungewöhnlich hoch: Die Crowdfunding-Phase von „Evil Machines“ lief von Mai bis Juli 2011, Ende des Jahres war das Buch lieferbar. Gefördert wird in der Regel nicht das abgeschlossene Buch, die Spendensumme soll die Fertigstellung des Manuskripts erlauben.

Vorreiter der Branche ist unbound zudem bei innovativen Bezahlmodellen: Anfang 2014 wurde dort erstmals weltweit ein Buchprojekt teilweise mit Spenden in der Kryptowährung Bitcoin finanziert. Dabei handelte es sich um ein themenaffines Sachbuch von Dominic Frisby („Bitcoin – The Future of Money“).

WattPad

Storytelling-Plattform aus Kanada, gegründet 2006, Mission Statement: „Stories are free, stories are mobile, stories are remixed“. Insgesamt 18 Millionen Mitglieder hatten bis Anfang 2014 mehr als 32 Millionen Geschichten hochgeladen. Die meisten Geschichten werden nicht nur mobil gelesen (85 Prozent der Nutzung findet via Smartphone oder Tablet statt), sondern auch mobil geschrieben – jede zweite Story wird auf dem Touchscreen eines mobilen Telefons eingetippt.

Eine große Rolle spielt Social Reading, denn auf W. werden Stories massenhaft bewertet, diskutiert und kommentiert. So wurden im Jahr 2013 mehr als 160 Millionen Votes, 100 Millionen innerhalb der Community verschickte Nachrichten und 38 Millionen Kommentare gezählt.

Vieles von dem, was man auf W. findet, fällt in den Bereich Fan-Fiction – mehr als 7 Millionen Fangeschichten wurden im letzten Jahr hochgeladen, darunter Spin-Offs von populären Serien wie „Hunger Games“, „Harry Potter“ oder „Doctor Who“. Zugleich ist W. eine Talentschmiede für die nächste Generation der Online-Literatur-Stars, wie etwa Beth Reekles, deren Erzählung „The Beach House“ inzwischen mehr als 2 Millionen mal gelesen wurde.

Haben Autoren genügend Follower auf W., können sie auch Geld mit ihren Geschichten verdienen – ein 2013 gestartete Fan Funding-Programm ermöglicht es, für ein geplantes Buchprojekt vorab Spenden einzusammeln.

b) Deutschland:

100fans

Der Name ist Programm: Auf dem von der Münchner Verlagsgruppe ins Leben gerufenen Portal reichen einhundert Vorbestellungen aus, um ein Buch zu produzieren und in den Handel zu bringen. Kommen tausend Vorbestellungen zusammen, wird ein Titel sogar in das offizielle Verlagsprogramm aufgenommen. Mit Self-Publishing hat 100fans.de allerdings nichts zu tun, hier wird stattdessen auf clevere Weise klassische Verlagstätigkeit mit einem Pre-Order-Modell verknüpft, um vorab herausfinden zu können, bei welchen Titeln sich das Verlegen lohnen könnte.

Die Konditionen für die Autoren sind insofern auch nicht mit Self-Publishing-Portalen zu vergleichen, einerseits gibt's mit 25 Prozent für Print und 30 Prozent für E-Books deutlich weniger Umsatzbeteiligung, andererseits profitiert man von Verlagsdienstleistungen wie profesionellem Lektorat und Cover-Design.

Nicht nur optisch, sondern auch vom Kampagnen-Ablauf her orientiert sich 100fans.de an Crowdfunding-Plattformen wie Startnext: es gibt festgelegte Laufzeiten, „Spendenbalken“, Pitch-Video und vor allem auch Incentives, in diesem Fall „Fan-Pakete“ genannt. Wer mehr gibt als nur den normalen Betrag für die E-Book- oder Printversion, wird so etwa in der Erstauflage namentlich erwähnt oder erhält eine „Wohnzimmer-Lesung“ des Autors. Das Pricing wiederum macht doch sehr den Eindruck klassischer Verlags-Kalkulation.

Crowdfans

Im Unterschied zu anderen Plattformen geht es hier nicht um Content aus der Konserve, sondern um das Live-Erleben von Events: auf Crowdfans präsentieren sich kreative Köpfe aus dem Bereichen Kunst, Kultur, Literatur und Hörbuch mit ihrer geplanten Veranstaltung. Ziel ist die risikolose Eventvermarktung, nur wenn ausreichendes Interesse besteht, findet das entsprechende Event vor Ort auch tatsächlich statt. Crowdfans-Kampagnen eignen sich somit z.B. sehr gut für die Planung von Autoren-Lesungen.

Krautreporter.de

Claim: „Entdecke und ermögliche unabhängigen Journalismus"

Das von den Journalisten Sebastian Esser und Wendelin Hübner gegründete Portal ermöglichte es seit Anfang 2013 zunächst, mit Hilfe der Crowd anspruchsvolle publizistische Projekte zu verwirklichen, egal ob für Print, Rundfunk oder TV. Im Rahmen einer separaten Abo-Pre-Orderkampagne wurde Krautreporter dann Ende 2014 zu einem leserfinanzierten Online-Magazin umgewandelt. Seit 2015 sind die Artikel auf krautreporter.de nur für zahlende Abonnenten zugänglich.

Kladdebuch-Verlag

Claim: „Unser Programm sind unsere Kampagnen."

Die 2013 gegründete „Manufaktur für Satz und Wort" setzt bei der Realisierung von Buchprojekten auf Pre-Order-Kampagnen in enger Kooperation mit der Leipziger Crowdfunding-Plattform Visionbakery. Seit 2014 wurden auf diese Weise knapp 40.000 Euro gesammelt und ein halbes Dutzend Projekte realisiert. „Wir wollen, dass Crowdfunding nicht nur vereinzelt Buchprojekte möglich macht, sondern auch als Weg für die Literatur aller Genres interessant wird", so Verlagsgründer Jonas Al-Nemri. Neben Lifestyle-Publishing gibt es noch einen weiteren Eckpfeiler: fair publishing. Abgesehen von fairen Honoraren oberhalb üblicher Gepflogenheiten bei Publikumsverlagen bedeutet das für die Kladdebuch-Macher den Verzicht auf Amazon als Vertriebsplattform. „Gemeinsam mit Buylocal fokussieren wir den Verkauf unserer Bücher über den unabhängigen, inhabergeführten und regionalen Buchhandel, on- und offline", heißt es dazu im Verlags-Blog.

Plötz & Betzholz Verlag

Claim: „Stars werden im TV geboren. Und Bücher vom Verlag gemacht"

Angefangen haben die Startup-Verleger Felix Plötz & Dennis Betzholz als Krautpublisher in eigener Sache: ihr Ratgeber „Palmen in Castrop-Rauxel" wurde via Crowdfunding vorfinanziert. Dann wurde ein Verlag neuen Typs daraus – Plötz & Betzholz hat sich auf Buch-Koproduktionen mit Youtube-Stars spezialisiert, die über die Crowdfunding-Plattform Startnext gelauncht werden. Zu den Anfangserfolgen gehörte 2015 „Peinlich für die Welt" von und mit Youtuber Jonas Ems ("uFoneTV"). Plötz & Betzholz wirbt nicht nur mit Speed-Publishing innerhalb von drei Monaten, sondern auch mit branchenunüblichen Tantiemen von 30 Prozent.

Startnext.de

Claim: „Crowdfunding in Deutschland – Community-Finanzierung für Kreative“

Startnext.de (gegründet 2010) ist mittlerweile die größte Crowdfunding-Plattform in Deutschland. Die Fördersummen bewegen sich zwischen einigen hundert bis einigen hunderttausend Euro, mehr als 20 Millionen Euro kamen insgesamt in den letzten fünf Jahren zusamnen. Auch Self-Publisher sowie etablierte Verlage haben die Möglichkeiten der Schwarmfinanzierung via Startnext für sich entdeckt: Allein im Jahr 2015 wurden mehr als 100 Literaturprojekte mit Unterstützung der Crowd auf Startnext finanziert, alles in allem wurden bisher 500.000 Euro für Publishing-Projekte gesammelt. Startnext.de selbst verzichtet auf eine Provision, seit 2011 gilt die Plattform offiziell als gemeinnützig, so dass die Crowdfunding-Beiträge von der Steuer absetzbar sind. Die Höchstdauer für Projekte beträgt 6 Monate, Startnext empfiehlt aber, eine Laufzeit bis zu drei Monaten zu wählen.

Visionbakery

Claim: „Dein Netzwerk unterstützt Dich!“

Die „Bäckerei der Visionen“ wurde 2010 in Leipzig gegründet, und gilt mittlerweile als Deutschlands zweitgrößte Crowdfunding-Plattform direkt hinter Startnext. Kampagnen laufen nach dem Motto

„Alle gewinnen oder keiner verliert“ (vgl. Alles-oder-nichts-Prinzip), ist ein Projekt nicht erfolgreich, fließt das Geld an die Unterstützer zurück. Die Community rund um die Plattform ist allerdings deutlich kleiner als bei Startnext, was man auch an den niedrigeren Projektsummen sieht. Trotzdem ist Visionbakery für Self-Publisher und Verlage einen Blick wert. Die Plattform koopieriert nämlich mit dem Krautpublishing-Verlag Kladdebuch, auf diese Weise wurden seit 2014 bereits mehrere Titel erfolgreich finanziert.

Fallbeispiele

[Roman]

Branchen-Hack mit CC-Lizenz: Cory Doctorows „Little Brother“

Der Held heißt W1n5t0n, seine Waffe: ein klandestines Netzwerk aus gehackten X-Boxes. Sein Feind: die amerikanische Heimatschutzbehörde, die San Francisco nach einem Terroranschlag in einen Polizeistaat verwandelt. „Little Brother“ schlägt zurück – in Cory Doctorows gleichnamigem Roman bekommt es der Große Bruder mit Teenager-Hackern zu tun, die nicht nur Passwörter knacken können, sondern vom Flashmob bis zur virtuellen Pressekonferenz die neuen Medien für sich nutzen. Denkt man Themen wie „Vorratsdatenspeicherung“, „Bundestrojaner“ und „Netzsperren“, bringt Rowohlt die deutsche Fassung von „Little Brother” genau zum richtigen Zeitpunkt heraus.

Cory Doctorow ist wohl jemand, den man getrost als „Geek“ oder „Nerd“ bezeichnen kann. Oder auch ganz einfach als „Digital Native”. Die Karriere des kanadischen Sci-Fi-Autors, Boing-Boing Bloggers und Journalisten wäre ohne Computer und Internet kaum vorstellbar. Zugleich ist Doctorow aber auch ein moderner Bürgerrechtler – mit und in den neuen Medien kämpft er nicht nur für besseren Datenschutz, sondern gegen Digital Rights Management. Viele seiner Sci-Fi-Romane sind auch sehr praktisch ein Plädoyer für Kreativität und Freiheit – Doctorow veröffentlicht die elektronischen Versionen unter einer Creative Commons Lizenz. Little Brother gibt es im Internet bereits in zahlreichen E-Book-Formaten zum kostenlosen Download. Auch eine DRM-freie deutsche Übersetzung von Christian Woehrl kann man sich umsonst herunterladen, etwa im epub oder pdf-Format. Den Verkaufszahlen der Printversion hat diese Strategie nicht geschadet – ganz im Gegenteil. Kurz nach dem Erscheinen im Sommer 2008 war das Buch bereits in den Top Ten der New York Times-Bestsellerliste, Abteilung Kinderbücher.

Eine traditionell verlegte deutsche Ausgabe brachte 2010 dann Rowohlt in der Jugendbuchreihe „Rotfuchs“ heraus, neben dem Taschenbuch gab es auch eine E-Book-Version. Dank DRM-Schutz konnte man allerdings mit der elektronischen Fassung von Rowohlts Übersetzung genau das nicht machen, was für Doctorow selbst für das A und O von digitalen Büchern hält: man durfte „Little Brother“ in dieser Form weder weitergeben noch verändern. Aber auch so trägt ja letztlich die deutsche Ausgabe zu Doctorows ureigenem Anliegen bei. „This book is meant to be part of the conversation about what an information society means: does it mean total control, or unheard-of liberty? It's not just a noun, it's a verb, it's something you do“, heißt es im Vorwort der englischen E-Book-Ausgabe. Zur aktiven Doctorow-Lektüre konnte in Deutschland also auch gehören, auf den Kauf des E-Books zu verzichten.

Literatur als Zuschauersport: Tilman Rammstedt schreibt „morgen mehr" – exklusiv für Abonnenten

Morgen mehr – das versprechen Autoren gerne ihren Lektoren, die auf neue Kapitel warten. Auf Startnext gilt dieses Versprechen nun auch gegenüber den Lesern von Tilman Rammstedts nächstem Roman „Morgen Mehr". Wer „Morgen Mehr" ab einem Preis von 8 Euro abonniert, kann zwischen Januar und April 2016 live mitverfolgen, wie der Berliner Autor die Geschichte von Tag zu Tag weiterschreibt.

Dargeboten wird der literarische Booksprint auf allen Kanälen: mitlesen können die Subskribenten auf morgen-mehr.de, via WhatsApp, oder direkt per E-Mail, mithören geht aber auch, denn eine vom Autor gelesene Audio-Fassung gehört gleichfalls zum Paket dazu.

Im weitesten Sinne dürfte das Projekt wohl unter das Label Krautpublishing fallen, denn immerhin wird die Crowd hier marketingtechnisch sehr clever von Anfang an eingespannt. Speedpublishing ist es auf jeden Fall: Bereits ab Mai 2016 soll der komplette Roman als E-Book und Printversion erscheinen, ganz traditionell in einer vom Autor überarbeiteten und vom Verlag lektorierten Fassung.

Apropos Lektorat: die ganz rohen Seiten bekommt nur das „Team Rammstedt" zu lesen. Jedes Tageskapitel werde vor der Veröffentlichung nämlich „selbstverständlich" lektoriert, so Hanser-Chef Jo Lendle gegenüber literaturcafé.

Und was ist, wenn dem Autor nichts einfällt? Besonders groß dürfte das Risiko bei dieser Work in Progress wohl nicht sein, Literatur als zeitnah improvisierte Performance ist für Rammstedt nichts neues. Viele seiner kürzeren Texte sind für das Berliner Lesebühnen-Publikum entstanden.

Insofern darf man wohl auch die vorläufige Inhaltsangabe als eine Art Aufwärmübung für einen Roman verstehen, über den selbst der Autor eigentlich noch gar nichts weiß:

Es ist Sommer 1972. Seit Jahren schon. Die Farben verblassen, die Musik leiert, und ein Mann sehnt sich nach der Zukunft. Er vermisst all das, was es noch nicht gibt: Navigationssysteme, Glutenintoleranz, die Nostalgie nach klareren Zeiten. Er vermisst auch seine Frau, die er noch nicht hat, seine Kinder, die es nicht gibt. Er will nicht länger warten. Er beschließt, die Uhr nach vorne zu drehen. Und zwar nicht nur seine eigene, sondern die Koordinierte Weltzeit, an der sich alle Uhren orientieren. Dafür muss er nach Paris. In einem gestohlenen Taxi fährt er durch ein merkwürdiges Europa und sammelt auf dem Weg all diejenigen ein, die auch endlich in die Zeit fallen wollen, am besten mit Karacho.

Ob's dabei bleibt? Mal abwarten. Das Funding-Ziel wurde jedenfalls erreicht, und Anfang Januar 2016 hat Tilman Rammstedt offiziell mit dem Schreiben begonnen…

[Sachbuch]

Erstes Krautpublishing mit Bitcoins erfolgreich

In welcher Währung sollte die Crowdfunding-Kampagne für ein Buch zum Thema Bitcoins laufen? Euro, Dollar, Pfund? Die richtige Antwort gibt die britische Crowdpublishing-Plattform Unbound: Bitcoins natürlich. Als erstes Buchprojekt weltweit wurde dort nun u.a. mit Bitcoin-Spenden ein Buch zum Thema Bitcoins finanziert. In „Bitcoin – The Future of Money“ macht sich der Autor, Filmemacher und Journalist Dominic Frisby u.a. auf die Spuren von Satoshi Nakamoto, dem legendären Erfinder der Krypto-Währung. Zugleich geht es aber auch darum, Neueinsteigern überhaupt das Thema virtuelles „Geld 2.0“ nahezubringen. Die Rohfassung hat Frisby gerade abgeschlossen, bis Mitte 2014 soll das fertige Buch erscheinen.

Das Projekt hat Modellcharakter nicht nur für den Crowdfunding-Sektor allgemein, sondern gerade auch für die Buchbranche. Denn hier trifft sich Geld 2.0 mit Subskription 2.0 – auf diesem Gebiet darf Unbound ohnehin als Vorreiter gelten, schon seit Mitte 2011 finanzieren dort unabhängige Autoren ihre Buchprojekte in Form von Pre-Order-Kampagnen. Und ob Bitcoins oder Crowdfunding, ohne die vernetzte Internet-Crowd geht in beiden Fällen gar nichts. Verbindet man beide Methoden, geht in Zukunft sogar noch deutlich mehr, denn gerade Prosumenten wollen natürlich, dass möglichst wenig Geld für Transaktionsgebühren verbrannt wird. Eine Peer-to-Peer-Währung wie Bitcoin reduziert solche Gebühren dramatisch – denn schließlich funktioniert sie jenseits des normalen Bankensystems.

Zum Ausprobieren von Bitcoin-gestütztem Crowdfunding bot sich Unbound natürlich ganz besonders an. Bisher zahlte man auf der Crowdpublishing-Plattform zwar elektronisch, aber mit normalen britischen Pfund. Es war erst die Kampagne für Dominic Frisbys Sachbuchprojekt, die im Februar 2014 den Stein in Richtung Kryptowährung ins Rollen brachte [E-Book-News berichtete]. Als schon in kurzer Zeit etwa 70 Prozent der benötigten Summe zusammengekommen waren, entschied sich das Unbound-Team dann nämlich recht spontan, nun erstmals auch Bitcoin-Zahlungen zu akzeptieren. „Our business is books. Books have the potential to change the world. So does Bitcoin“, heißt es auf dem Unbound-Blog.

Das sorgte offenbar noch mal für zusätzliche Aufmerksamkeit: „Bitcoin – The Future of Money“ hat das gesetzte Funding-Ziel nicht nur erreicht, sondern mit 125 Prozent sogar deutlich übererfüllt: mit knapp 300 Vorbestellungen kamen umgerechnet mehr als 11.000 Euro zusammen, ein Teil davon in Form von Kryptogeld-Überweisungen.

„Drachenväter", ein Krautpublishing-Projekt zur Geschichte der Rollenspiele

Die „Drachenväter“ haben den nächsten Level erreicht – auf Startnext sammelte das Krautpublishing-Projekt zur Geschichte des klassischen Rollenspiels knapp 20.000 Euro ein, das Minimum lag bei 10.000 Euro. Neben direkten Spenden wurde das Buch selbst fast 400 mal vorbestellt (in der Version Print sowie Print plus E-Book). Damit haben es die Drachenväter-Väter Tom Hillenbrand und Konrad Lischka im Bereich Literatur in die Top 3 von Deutschlands größter Krautfunding-Plattform geschafft.

Bisher waren nur wenige Publikations-Projekte auf Startnext ähnlich erfolgreicher: das „Sushi-Buch“ von Jens Nink erreichte vor kurzem 15.400 Euro, der Bildband „Alltagstourist“ von Eva Jung sogar 25.000 Euro. Die bisherige Top 3 war mit knapp 14.000 Euro Dirk von Gehlens Projekt „Eine neue Version ist verfügbar" – das dem Thema E-Publishing und Digitalkultur gewidmete Buch setzte allerdings einen schwer einholbaren Geschwindigkeitsrekord, denn schon nach fünf Tagen waren ursprünglich anvisierten 5.000 Euro im Kasten.

In allen hier genannten Fällen wird mit dem gekrautfundeten Geld vor allem die Produktion der Printversion finanziert – immer mehr Self-Publisher nutzen diesen cleveren Weg, um das Investionsrisiko zu minimieren und ihr Buch schon vor dem Erscheinen zu vermarkten. Alleine auf Startnext wurden auf diese Weise in den letzten zwei, drei Jahren schon mehr als 50 Buchprojekte realisiert. Kommt deutlich mehr als die geplante Spendensumme zustande, kann auch mehr investiert werden – eins der „Stretchgoals“ bei den Drachenvätern war z.B. eine verbesserte Ausstattung: ein Lesebändchen sowie Blindprägung (versenkter Titel) auf dem Cover.

Die beiden „Drachenväter“-Autoren aus dem SPIEGEL-Umfeld haben jahrelang recherchiert und mit Dutzenden Veteranen aus der Spieleszene gesprochen, neben Ian Livingstone und Steve Jackson („Der Hexenmeister vom Flammenden Berg“) auch mit Werner Fuchs, Erfinder von „Das Schwarze Auge“, dem erfolgreichsten deutschen Rollenspiel. Herausgekommen ist dabei eine Kulturgeschichte des Rollenspiels, die von „Dungeons &Dragons“ bis „World of Warcraft“ reicht, und die 40jährige Entwicklung dieses Genres mit Reproduktionen alter Cover, Bildern von Conventions und Screenshots früher Computerspiele illustriert.

Liquid Publishing: „Eine neue Version ist verfügbar“

Wenn die Piraten „LiquidDemocracy“ zum Laufen bringen, warum nicht auch mal so etwas wie „Liquid-Publishing“ probieren? Dirk von Gehlens neues Buch-Projekt „Eine neue Version ist verfügbar“ versteht Kultur als Software, die man man hacken kann – und zwar gemeinsam. Wie der Titel schon andeutet, will der Journalist & jetzt.de-Chefredakteur die Vorabversionen seines geplanten Sachbuchs zur Diskussion stellen. Das ständige Feedback fließt dann in die jeweils nächste Fassung ein. Doch schon bei der Finanzierung war die Crowd gefragt – von Gehlen startete im Herbst 2012 eine Spendenkampagne auf der Crowdfunding-Plattform Startnext. Ab einer Spende von 12 bzw. 20 Euro erhielten Unterstützer nicht nur das fertige E-Book/P-Book (erscheint voraussichtlich im Mai 2013), sondern auch direkten Zugang zum Versions-Archiv des Buches, d.h. man wird mit regelmäßigen Updates über den Schreibfortschritt versorgt. Mitbestimmt wurde zudem über die Cover-Gestaltung – wer via Startnext vorbestellte, konnte eine individuelle Verpackung wählen. Die erste Hürde nahm das Buch-Experiment schon nach fünf Tagen genommen, denn die Mindestschwelle von 5000 Euro war erreicht – am Ende kamen sogar 14.000 Euro zusammen.

Schon mit seinem Sachbuch „Mashup. Lob der Kopie“ hatte von Gehlen für das „Liquidieren“ bisheriger Vorstellungen von Kunst und Kultur plädiert, und vor allen Dingen auch für die Anerkennung der Nutzer als aktive Rezipienten. Das Buch selbst erschien jedoch ganz traditionell bei Suhrkamp, und ist zudem in einer DRM-geschützten E-Book-Version lieferbar. „Eine neue Version ist verfügbar“ dagegen startet nicht nur als Self-Publishing-Projekt, sondern rüttelt am klassischen „Geniekult“, den gerade deutsche Autoren gerne pflegen. Gegenüber buchreport beschrieb von Gehlen das alte System so: „Ein gottähnlicher Schöpfers sitzt in seinem Kämmerlein, denkt intensiv nach und am Ende entsteht etwas künstlerisch Wertvolles. Der eigentliche Entstehungsprozess ist abgeschlossen und geheim.“ Das sei jedoch längst nicht mehr zeitgemäß: „Wenn wir die Verflüssigung ernst nehmen, müssen wir den Prozess des Schreibens offenlegen."

Ein gewisses Nervenflattern dürfte für viele Autoren natürlich auch der Aufwand verursachen, den das „LiquidPublishing" bedeutet, vor allem, wenn es mit einer Vorfinanzierung via Crowdfunding verknüpft wird. Das Pitch-Video wurde von Grimme-Online-Award-Träger Tim Klimes gedreht, dort tauchen zahlreiche prominente Backer wie Mercedes Bunz, Richard Gutjahr oder Kathrin Passig auf. Für die Gesamtgestaltung, individualisierte Cover sowie das Artwork der Projekt-Poster (als Belohnung für besonders spendierfreudige Crowdfunder) wurde das Münchner Designbüro „SQUIECH Design" eingespannt. Eine Menge Zeit und Energie muss zudem in den öffentlichen Schreibprozeß investiert werden. Immerhin ist trotz aller Verflüssigung das Verschwinden des Autors als letzter Instanz nicht zu befürchten. Als Endprodukt wird sich schließlich ein Buch aus Papier herauskristallisieren – ein Großteil der Spendensumme geht deswegen auch für Layout, Druck und Vertrieb drauf.

[Schulbuch]

„Free in/free out": Schulbuch-o-mat befreit Schul-E-Books

„Freies Netzwissen rein – offenes eSchulbuch raus“ – nach diesem Motto möchte das Projekt Schulbuch-o-mat das erste freie elektronische Schulbuch Deutschlands publizieren: „ohne Verlage, ohne Urheberrecht, alles frei zu verwenden und zu kopieren“, versprechen die Macher Heiko Przyhodnik und Hans Hellfried Wedenig. Zu diesem Zweck setzen sie einerseits auf die Creative Commons-Lizenz (CC-BY), andererseits auf Crowdfunding via Startnext: zwischen November 2012 und Januar 2013 wurden knapp 10.000 Euro gesammelt. In der Pilotphase wird nun zunächst ein Biologiebuch für die Klassenstufe 7/8 realisiert werden, und zwar „lehrplankonform“. Das heißt: die meisten Inhalte könnten bundesweit im Biologieunterricht der Sekundarstufe I verwendet werden. Als zentraler Dreh- und Angelpunkt des Projekts dient die Online-Plattform Schulbuch-o-mat: dort werden die einzelnen Inhalte gesammelt und der Publikationsprozess koordiniert.

„Das Schulbuch ist in die Jahre gekommen“, wissen die beiden Schulbuch-o-mat-Erfinder aus eigener Erfahrung. Biologielehrer Heiko Przyhodnik etwa ärgerte sich immer wieder darüber, „dass vorhandenes Lehrmaterial oft veraltet ist und somit der aktuelle Stand der Biologie nur mit viel eigenem Engagement und enormen Zeitaufwand verbunden ist.“ Sobald Pädagogen statt mit Schere und Papier mit Copy-

Paste arbeiten, lauern zudem juristische Fallstricke – nicht umsonst wollten Fachverlage sogar einen „Schultrojaner“ in Umlauf bringen, um digitalen Coypright-Verletzungen auf die Spur zu kommen. Der Sozial- und Wirtschaftswissenschaften Hans Hellfried Wedenig vergleicht für seine Doktorarbeit momentan die Einführung von digitalen Schulbüchern in Deutschland, Südkorea und den USA. Seine Forderung: das „öffentlich verfügbare Wissen gerade den jungen Menschen altersgerecht, verantwortungsvoll, interessant, frei und vor allem zeitgemäß zu servieren“.

Das ebenso crowdfinanzierte wie crowdgesourcte Bio-Buch soll modular aufgebaut sein, verschiedene Aufgaben für verschiedene Lernniveaus enthalten, Tests, multimediale Grafiken und Filme. „Zehntausende freie Schulmaterialien stehen auf Hunderten Webseiten verstreut im Netz“, so Przyhodnik und Wedenig. „Diese Materialien möchten wir nutzen.“ Dabei hoffen sie nicht nur auf die Mitarbeit von LehrerInnen und Fachleuten: „Alle, Lehrer, Schüler, Eltern, partizipieren bei der Entstehung und Weiterentwicklung des Buches und bestimmen somit letztlich auch über die Art, wie sie lernen wollen.“

Der Kostenrahmen ist vergleichsweise bescheiden – mit der erzielten Spendensumme von 10.000 Euro wollen die Schulbuch-o-mateure das komplette eBiobuch produzieren. Der Löwenanteil (6000 Euro) geht als Spende an das Wiki-Fachportal „Biologie“, betrieben vom Verein „Zentrale für Unterrichtsmedien im Internet“ (ZUM), sowie an den am Ende ausgewählten gemeinnützigen Systempartner. Für Honorare und Betriebskosten sind 4000 Euro eingeplant. Während des Startjahres will man sich zudem auch aktiv nach öffentlichen und privaten Förderungsmöglichkeiten umsehen, um eine langfristige Finanzierung von Schulbuch-o-mat zu garantieren. Da das Endprodukt kostenlos erhältlich sein wird, beschränkten sich die „Incentives“ der Crowdfunding-Kampagne auf symbolische Dankeschöns.

[Hörbuch]

Maden in Germany, oder: Terra Mortis

Sex sells, das scheint mal klar zu sein. Horror eigentlich auch? Das kommt darauf an. Zu den beliebtesten Schreckens-Genres des 21. Jahrhunderts gehört die Zombie-Apokalypse – man denke nur an die erfolgreiche Comic- und TV-Serie „Walking Dead". Mittlerweile sind solche marodierenden Untoten auch in deutschen Landen voll integriert. Bestes Beispiel ist die Hörspiel-Serie „Terra Mortis", produziert vom Bielefelder Independent-Label Pandoras Play. Das Setting: Die BRD ist zur Totenerde geworden, 82 Millionen Zombies wandern durch die gesamtdeutsche Republik. Die letzten 63 Menschen haben sich seit fast 20 Jahren in einem abgelegenen Harzer Mittelgebirgsdorf verschanzt. Dann bekommen sie überraschend die Nachricht, dass es auf Helgoland weitere Überlebende der Apokalypse gibt. Gemeinsam wird die Rückeroberung der Welt geplant. Klingt verlockend. Doch dann kam die Finanzkrise.

Zwei Folgen wurden von Pandoras Play produziert, doch am Markt entwickelten sich die Zahlenverhältnisse ähnlich ungünstig wie in der Story. Unter 82 Millionen normalsterblichen Deutschen gab es kaum 120 eingefleischte Horror-Fans, die sich Teil 1 und 2 der „Zombie-Serie mit Niveau" (O-Ton Pandoras Play) auf CD oder als MP3 via soforthoeren.de gönnen wollten. Wirklich schade, denn Terra Mortis ist professionell produziert und darf als echter akustischer Leichenschmaus gelten.

Doch zum Glück gibt es ja Crowdfunding und das Pre-Order-Modell. Für die dritte Folge durfte bei Startnext gespendet werden, damit das Bielefelder Indie-Label die Post-Production des bereits eingespielten Hörspiels finanzieren konnte. Für fünf Euro gab es einen Download-Gutschein für die neue Folge, ab 12 Euro für Teil 1 bis 3, ab 25 Euro erhielt man die komplette, handsignierte CD-Edition. Großspender ab 250 Euro erhielten die besondere Ehre, als Gast-Untoter noch ein paar Zombie-Geräusche beizusteuern. Die Chancen standen offenbar sehr gut für die Maden in Germany: nach einem fulminanten Start wurde das Spendenziel von 3.000 Euro zu zu 130 Prozent übererfüllt. Seit Dezember 2011 ist nun Folge 3 unter dem Titel „Nekropolis“ lieferbar. Sieht also ganz danach aus, als könnten sich dank Krautfunding auch im Hörspiel-Sektor neue Vertriebsmöglichkeiten jenseits des Mainstreams etablieren.

[E-Comic]

Krautpublishing via Kickstarter – Comics besonders erfolgreich

Wer in den USA Krautfunding denkt, denkt Kickstarter. Und das zurecht: die Plattform sammelte bis zu ihrem fünften Geburstag im April 2014 mehr als 1 Milliarde Dollar ein, die Hälfte davon allein im vergangenen Jahr. Bei solchen Rekordzahlen geht aber eine Nachricht schnell unter: Kickstarter ist nicht nur eine Plattform für die Vermarktung von coolen High-Tech-Gadgets oder Prêt-à-Porter-Design, sondern hat sich zugleich zur weltweit größten Krautpublishing-Adresse gemausert. Insgesamt wurden über Kickstarter seit dem Plattform-Launch schon mehr als 20.000 Publikations-Projekte realisiert, Gesamtsumme: knapp 70 Millionen Dollar. Zum Vergleich: Auf der Deutschlands größter Crowdfunding-Plattform Startnext erzielten Krautpublishing-Kampagnen seit 2010 knapp 500.000 Euro.

Wer beim Kickstarter-Erfolg nur an Buchstaben denkt, liegt aber nicht ganz richtig: denn 25 Millionen Dollar trugen dabei die Unterstützer von 4.000 Comic-Projekten zusammen – die bei Kickstarter als eigene Kategorie erscheinen (Vergleichszahl bei Startnext: 27.000 Euro für Comic-Kampagnen). Die bunten Bildergeschichten erzielen pro Kampagne nicht nur deutlich mehr Geld, die Erfolgsquote ist mit knapp 50 Prozent auch deutlich höher als bei anderen Krautpublishing-Kategorien (32 Prozent). Noch bessere Erfolgsquoten erreichen nur die Bereiche Musik, Tanz und Theater. Für den kriselnden Indie-Verlag Fantagraphics bedeutete Pre-Order via Kickstarter kürzlich sogar die letzte Rettung: die auf Underground-Art spezialisierten Comicmacher aus Seattle akquirierten satte 220.000 Dollar und finanzierten auf diesem Wege vorab das gesamtes Frühjahrsprogramm 2014 mit 39 Titeln.

Offenbar sind die gerade Fans von alternativen Comics für Erwachsene in den USA eine sehr eingeschworene Crowd, die ihrem Lieblings-Verlag zuverlässig die Stange halten. Und das im Fall von Fantagraphics auch nicht zum ersten Mal. Vor knapp zehn Jahren war der Publisher schon mal haarscharf an der Pleite vorbeigeschrammt. Erst nach einem via Internet verbreiteten Hilferuf konnte genügend Geld gesammelt werden, um den Verlag zu retten – bereits eine frühe Form von Crowdfunding avant la lettre.

Wormworld-Saga: Der Crowdfunder als Holy Scroller

Welches Crowdpublishing-Potential hinter Kickstarter steckt, zeigt ein englischsprachiges Kickstarter-Projekt made in Germany, das heute endet: die Paperback-Version von „The Shelter of Hope – Wormworld-Saga Volume 2“ hat mit mehr als 800 Vorbestellungen knapp 43.000 Dollar eingesammelt. Die vom deutschen Comic-Zeichner Daniel Lieske ursprünglich als E-Comic entwickelte Fantasy-Serie begeistert international so viele LeserInnen, dass solche Zahlen sogar schon mehrmals erreicht wurden: „The Journey begins – Wormworld-Saga Volume 1“ sammelte im letzten Jahr 45.000 Dollar ein, zwei weiterer Kampagnen zur Finanzierung der Online- bzw. App-Version brachten jeweils mehr als 20.000 Dollar.

Damit dürfte die „Wurmwelt“, ein magisches Paralleluniversum, in das ein kleiner Junge namens Jakob hineingezogen wird, zu den weltweit erfolgreichsten Indie-Projekten im Comic-Sektor gehören. Typisch für solche onlinebasierten Vermarktungsformen ist die Kombination von kostenlosem Web-Comic und Monetarisierung via Merchandising und von der Crowd vorfinanziertem Print-Verkauf. Sowohl die deutschen wie auch die englischsprachigen Print-Versionen der Wormworld-Saga erscheinen bei Tokyopop bzw. Tokyopops neuem Label POPCOM– und wartet mit Hardcover und hochwertigem Kunstdruckpapier auf. Via Kickstarter konnte man aber auch eine in Leinen gebundene De-Luxe-Version mit Goldprägung bestellen.

Ein besonderer Hingucker bleibt natürlich die elektronische Version – jedes der inzwischen sieben Kapitel lässt sich komplett durchscrollen, es gibt keine Seitenaufteilung. Wer dieses beeindruckende Lese-Erlebnis noch nicht gemacht hat, sollte es unbedingt mal auf wormworldsaga.com nachholen. Für die Print-Version musste das Prinzip der „unendlichen Leinwand“ natürlich durchbrochen werden – das scheint die Fans der Wormworld-Saga aber nicht zu stören. Die deutschsprachigen Bände 1 („Die Reise beginnt“) und 2 („Hort der Hoffnung”) kann man zum Preis von 12 bzw. 14 Euro bestellen, z.B. in Lieskes Wormworld-Webshop.

Graphicatessen – Carlsen-Verlag vermarket Comics via Crowdfunding

Crowdpublishing im Comic-Bereich ist hierzulande für viele Verlage noch komplettes Neuland – in den USA dagegen ist die Crowd schon zum wichtigsten Mäzen-für bunte Bildergeschichten avanciert. Nun geht mit Carlsen erstmals ein großer deutscher Comic-Verlag einen Schritt in Richtung Schwarmfinanzierung: unter dem Label „Graphic/atessen“ vermarkten die Hamburger exklusive Sondereditionen via Startnext.de, Deutschlands größter Crowdfunding-Plattform.

Man wolle Fans der grafischen Literatur und neuen Lesern „außergewöhnliche Produkte anbieten, für die es im klassischen Verlagsprogramm bisher keinen Platz gab“, so Projektleiterin Mareike Hermes. Mit Crowdfunding könne man „Liebhaberobjekte mit zum Teil sehr kleiner Leserschaft“ realisieren, findet auch Programmkoordinator Ralf Keiser. Die ersten beiden Kampagnen starten ab 1. September 2015: die Comic-Crowd kann dann mithelfen, eine Luxus-Ausgabe von „Alisiks wunderbarer Welt“ (Hubertus Rufledt/Helge Vogt) zu realisieren, genauso die „Comic-Koch-Box deluxe“ von Food-Blogger Guillaume Long. Als Goodies warten auf die Unterstützer z.B. Poster und Drucke von Einzelillustrationen der jeweiligen Titel, im Fall von Alisik auch E-Comic-Versionen.

Bis Anfang November folgen vier weitere Titel aus dem Comic- und Illustrationsbereich: der Abenteuercomic „Long John Silver“, das Skizzenbuch „Blake und Mortimer in 329 Zeichnungen“ von E.P. Jacobs, der Illustrationsband „Spirou und die Moderne“ sowie die Siebdruckmappe „Comickunst für die Wand“ von Künstlern wie Flix, Jens Harder, Reinhard Kleist und Uli Oesterle. Weitere Hintergrundinfos gibt’s auf dem Projekt-Blog Crowd & Rüben.

[Print-Magazin]

„Bookazine" SHIFT kommt an den Kiosk – mit Hilfe der Crowd

Es ist halb Buch, halb Magazin, es wird gemacht von Digital Natives, es kommt im iPad-Format, aber nicht auf's Display, sondern an den Kiosk: SHIFT ist da, oder zumindest fast. Mit Hilfe der Crowd möchte Daniel Höly ein Print-Magazin für all jene aus Internet-Generation an den Start bringen, die gesellschaftspolitisch engagierten Journalismus auf Papier noch bzw. wieder schätzen. Dass so etwas funktioniert, hat der Juiced.de-Gründer schon mal gezeigt: 2013 wurde nämlich bereits die Nullnummer von SHIFT in kleiner Auflage via Startnext finanziert und im Direktvertrieb an die Vorbesteller verschickt.

Diesmal darf's aber eine Nummer größer sein: Mit einer Auflage von 10.000 Exemplaren soll die gedruckte SHIFT erstmals im Buchhandel an Bahnhöfen und Flughäfen erhältlich sein, und dann idealerweise vier mal pro Jahr erscheinen. Die Veröffentlichung der kommenden Ausgabe ist für Anfang April 2015 geplant. Gelingt das Crowdfunding, wird die neue SHIFT einen Umfang von 120 Seiten haben und zahlreiche Interviews, Porträts und Debattenbeiträge zum Thema „Break" enthalten.

„Die Informationsflut nimmt immer weiter zu und überfordert zunehmend auch unsere Generation – da finde ich es wichtig, nicht einfach ganz abzuschalten, sondern vernünftig darüber zu reden", so der Kölner Start-Up-Journalist. Über 15 Autoren haben für die neue SHIFT geschrieben, angelehnt an das Konzept von Juiced.de und dessen Ressort-Aufteilung in „Hirn“, „Herz“, „Horizont“ und „Mehrwehrt“. Schafft es SHIFT, wird es der Printableger des 2008 gestarteten „Blogazines“ sein.

Gute Chanchen hat die Blog-Auskopplung auf Papier durchaus, immerhin konnte Hölys Projekt auf der Crowdfunding-Plattform Startnext schon ein Viertel der benötigten Summe von 17.500 Euro einsammeln, die Kampagne läuft noch bis Anfang März. Um Geld allein geht's Höly dabei nicht: „Crowdfunding ist für mich in erster Linie keine Vorfinanzierung, sondern das Aufbauen von Beziehungen“, so der Jungunternehmer. Zugleich ist SHIFT auch die Verbindung von Theorie und Praxis – der Titel von Hölys Diplomarbeit lautete: „Konzeption eines Printmagazins für Digital Natives“.

[Online-Magazin]

Krautreporter geht an den Start – werbefrei, leserfinanziert

Krautreporter hält die Welt in Atem – das war im Juni 2014: nach einer schleppend angelaufenen Crowdfunding-Kampagne kamen im Endspurt nicht nur die anvisierten 15.000 Jahres-Abos für das alternative Online-Magazin zusammen, sondern sogar mehr als 17.000, so dass eine Million Euro Startkapital zur Verfügung stand. Seit Ende Oktober kann man nun auf krautreporter.de die ersten crowdfinanzierten Recherchen, Reportagen und Erklärstücke lesen, etwa aus der Feder von Stefan Niggemeier, Andrea Hünniger, Richard Gutjahr oder Theresia Enzensberger. Und ab nächster Woche auch eine Graphic-Novel-Serie von Hans Hütt und Josefina Capelle.

Kaum war Krautreporter gelauncht, kam aber auch schon wohlfeile Kritik von der klassischen Medienfront: Den Web-Journalismus neu erfunden habe die Plattform ja offenbar nicht, Artikel in dieser Art gebe es doch auch anderswo. Tatsächlich dürfte man Stücke wie „Bekannte Youtuber kämpfen um die Seele ihres Mediums“, „Horror im Gepäck: Ein Krankenpfleger im Ebola-Einsatz“ oder „Halloween in den USA – Warum Kaffee nach Kürbis schmeckt” auch auf SPOL, sueddeutsche oder taz.de erwarten. Trotzdem trifft die Kritik aber wohl nicht den Kern des Konzepts, denn die Inhalte werden anders produziert, und sie werden auch anders präsentiert.

Im Standard-Modus hat man auf Krautreporter.de

nur den jeweiligen Artikel vor sich, es gibt keine störenden Seitenleisten, fast so, als würde man sich auf einem reduzierten Blog wie Katja Kullmanns „Euphorie im Alltag“ bewegen. Auf Wunsch wird aber eine Artikel-Übersicht und ein Menü einblendet, am Ende jedes Artikels kann man einfach weiterscrollen, eingeblendet wird dann nahtlos die folgende Story. Eins wird man aber auf keinen Fall zu Gesicht bekommen: Werbeeinblendungen. Denn Krautreporter ist eben vor allem leserfinanziert, dazu kommen noch etwa zehn Prozent Spendengelder.

Das sorgt für einen höheren Grad an Unabhängigkeit von den üblichen Einflussagenten aus Privatwirtschaft und der öffentlichen Hand. Die starke Orientierung auf die eigene, aktive Community führt allerdings auch zu eher ungewöhnlichen Praktiken. Dem Motto „Comment is free“ folgt Krautreporter z.B. nicht, Kommentare lesen und Artikel selbst kommentieren dürfen nur zahlende Mitglieder. Dazu kommen weitere Premium-Leistungen, etwa epub- und Audio-Versionen sowie freier Eintritt zu Krautreporter-Veranstaltungen.

Zu den Prinzipien von Krautreporter gehört übrigens auch, die Verwendung der Gelder transparent zu machen. So kann man auf der Seite „Über uns“ etwa erfahren, dass 68 Prozent bzw. 570.000 Euro des Gesamtbudgets (abzüglich Steuern) für Redaktion und Autoren ausgegeben werden. Website und das Berliner Büro schlagen jeweils mit knapp zehn Prozent bzw. 90.000 Euro zu Buche.

Zum Vergleich: ohne Druck & Vertrieb kostet die

Produktion der ebenfalls überwiegend leserfinanzierten, aber natürlich deutlich größeren Tageszeitung taz pro Jahr knapp 16 Millionen Euro, davon sind auch wiederum zwei Drittel Gehälter und Honorare. Hinter der taz steht neben knapp 50.000 Abonnenten eine Genossenschaft aus mehr als 14.000 Mitgliedern – ähnlich könnte es bald bei Krautreporter aussehen: im Gesellschaftsvertrag ist festgehalten, dass die Unternehmung „in absehbarer Zeit in eine Genossenschaft überführt" werden soll.

[Verlagsprogramm]

Mikrotext goes Krautpublishing

Mikrotext trifft Startnext – Freunde neuer digitaler Literatur können auf der Crowdfunding-Plattform ab sofort das komplette Programm des Berliner E-Book-Labels für 2015 im Paket vorbestellen. Klingt ein bisschen nach Flatrate-Klimbim, ist aber deutlich exklusiver: Wer mindestens 15 Euro in den Topf wirft, erhält ein Jahr lang die aktuellen E-Books zum Erscheinungstermin direkt per E-Mail (pro Quartal erscheinen in der Regel ein bis zwei Titel). Man kann sich aber auch für das „Abo plus" entscheiden, und dafür ausgesuchte Dankeschöns ergattern, von Chloe Zeegens unveröffentlichtem Manuskript „Conservative Alternative" über Sarah Khans Frühwerk bis hin zum Wüstenralley-Daumenkino von Sebastian Christ.

„Das mikrotext-Abo richtet sich an alle neugierigen, vorwärtsdenkenden Leserinnen und Leser, die daran glauben, dass Literatur und das Digitale ausgezeichnet zusammenpassen. Und dass das E-Book kein Hardcover-Doppelgänger sein muss", schreibt Verlagsgründerin Nikola Richter auf der Kampagnen-Seite. Die Mindestschwelle für die Kampagne liegt bei recht realistischen 10.000 Euro: „Wir brauchen nur 400 Leute, die 25 Euro zahlen, dann sind wir am Ziel", so Richter gegenüber E-Book-News. Tatsächlich haben in der Vergangenheit bereits Pre-Order-Kampagnen für einzelne Titel von Self-Publishern oder Indie-Verlagen auf Startnext deutlich mehr erreicht – etwa das „Drachenväter"-Buch von Tom Hillenbrand und

Konrad Litschko oder der Facebook-Roman „Zwirbler".

Auch bei Mikrotext profitieren an erster Stelle die Autoren selbst: „Alle Abohonorare werden an die Autoren des vierteljährlichen Hauptprogramms ausgeschüttet, so als wären sie klassische Verkaufshonorare", so Nikola Richter. Der über die Dankeschöns hinaus erzielte Erlös wird in die allgemeine Verlagsarbeit gesteckt. Besonders spannend beim Ansatz von Mikrotext: viele E-Books des 2013 gegründeten Digital-Only-Verlags reflektieren ohnehin das Potential von Internet und neuen Medien ästhetisch und inhaltlich mit. In Zukunft wird dank Crowdfunding nun auch wirtschaftlich und marketing-technisch das Netz eine noch zentralere Rolle für die Mikrotexte spielen. Die Crowd dürfte dabei nicht nur rein mäzenatische Interessen antreiben. Nikola Richter betont schließlich: "Mit dem Abonnement spart man einige Euro gegenüber dem klassischen Kauf per Webshop und man spart Zeit: Anmeldung und Download per Webshop fallen weg, denn alle Titel landen codefrisch (druckfrisch können wir ja nicht sagen) im Mailpostfach".

Vom Hepublishing zum Shepublishing

Shebooks, das klingt nach E-Books für Frauen, oder von Frauen. Im Fall von Shebooks.net stimmt beides – und das aus gutem Grund: denn die Startup-Verlegerin Laura Fraser und ihre KollegInnen Peggy Northrop & Rachel Greenfield hatten die Nase voll vom männerdominierter E-Literatur wie auch Publizistik in Magazinen wie Atlantic, New Yorker oder New Republic. Dort beträgt aktuellen Studien zufolge die Männerquote satte 75 Prozent oder mehr. Und auch wenn Frauen stattdessen lieber erfolgreiche Bücher schreiben, haben sie das Nachsehen: Autorinnen verfassen in den USA zwar zwei Drittel der Bestseller, verdienen aber nur ein Drittel der Tantiemen.

"The problem was that female authors, journalists, editors – and ultimately female readers – were being shut out of the [digital] revolution. Innovative digital publishing companies led by men and publishing mostly male writers were getting lots of investment and attention. But we knew that women are voracious readers in every format – buying the majority of books and magazines and reading (and writing) the majority of blogs", liest man im Mission-Statement von Shebooks.net

Die drei Branchen-Insider Fraser, Northrop und Greenfield launchten also kurzerhand ein eigenes E-Publishing-Projekt – mit Shebooks.net ging Ende 2013 eine Plattform ans Netz, die sich auf E-Book-Singles von Belletristik über Biografisches bis hin zu Reportagen spezialisiert hat, maximale Länge: 10.000 Worte. Irgendwie hybrid zwischen Magazin & Verlag angelegt ist auch das Vertriebskonzept – man kann sowohl einzelne Titel kaufen wie auch ein monatliches Abo abschließen.

Crowdpublishing beherrschen die Frauen von Shebooks.net auch sehr gut: mit ihrer Unterstützer-Aktion für die „2014 Equal Writes Campaign" auf Kickstarter warben die Buchmacherinnen bis Ende Juni mehr als 50.000 Euro ein – damit können nun bis Ende des Jahres mehr als 100 E-Books von Frauen veröffentlicht werden, mindestens zwei pro Woche, und das dank der Crowd-Funds auch mit fairen Honoraren bezahlt. Den Gender-Gap gibt's übrigens auch bei uns, digital wie gedruckt – siehe etwa die beachtliche Männerquote bei Krautreporter oder sogar bei einem „alternativen" Medium wie der taz: wie man erst vor wenigen Wochen lesen konnte, werden unter dem Zeichen der teilweise crowdgefundeten tazze zwei Drittel der Artikel von Männern geschrieben.

[CC-Festival]

Orbanism Remix Festival 2015

Es fand am 29. und 30. August 2015 in Berlin statt, und zugleich im Netz, also überall, urbi et orbi treffen sich im Glokal. So passt auch der Name irgendwie: „Orbanism“. Ausgedacht hatten sich das Festival für Sound-, Bild- und Text-Remix auf Grundlage der Creative-Commons-Lizenz zwei prominente Berliner Book People, nämlich Digital-Verlegerin Christiane Frohmann und Branchen-Berater Leander Wattig.

Seit Juni konnte man künstlerische Inhalte zum Festival-Thema „Falling in Love“ einreichen, ab Juli durften sie dann wiederum selbst künstlerisch weiterbearbeitet werden. Der Material-Pool aus Remixen, Text- und Wortbildcollagen, Filmen u.ä. dient dann Ende August für Online- und Lokal-Events, etwa Konzerte, Lesungen, Performances, Ausstellungen, Screenings oder Projektionen. Hinter den Kulissen geht's natürlich um weitaus mehr als nur Boy-meets-Boy-meets-Girl-meets-Girl-Geschichten: „Jeder Remix erzählt vom Sichverlieben: Es war einmal ein Künstler (Ich), der einem fremden Werk (Du) begegnete und sich verliebte“, so das Mission Statement der Veranstalter. Das traditionelle Urheberrecht wirkt da leider bisher allzu oft als Hochzeits-Crasher. Doch nicht nur das: auch die Frage nach dem Lebensunterhalt macht den Künstlern zu schaffen.

Die Orbanism-Macher haben beides im Blick: „Wir wollen mit dem Orbanism Festival ausloten, wie sich größtmögliche kreative Freiheit und größtmögliches

Einkommen für Künstler kombinieren lassen“, so Leander Wattig. Parallel arbeite man derzeit daran, ein das Konzept für ein Remix-Abrechnungssystem zu entwickeln, wer möchte, kann schon während des Festivals an Modellversuch zur kommerziellen Auswertung der Remixe teilnehmen. Geld verdienen mit einem geistreichen Tweet, einem per Handykamera abfotografierten Graffiti, oder einem Traumprotokoll nach der Pilzpfanne Ling Chi? Das wäre wirklich eine schöne neue Welt, immer noch sexy, aber nicht mehr ganz so arm. Soviel zum Maximalziel. Das Minimalziel formuliert Christiane Frohmann so: „Es geht darum, Berlin und überhaupt die Kreativwirtschaft beweglich zu halten“.

[Leser-Voting]

Kindle Scout – Amazon setzt auf Crowdsourcing

Amazon weitet die verlegerischen Tätigkeiten aus – und setzt dabei zugleich auf den allerneuesten Trend: Crowdpublishing, oder besser gesagt: crowdgesourctes Publishing. Schon 2014 ging die Crowdsourcing-Plattform Kindle Scout in den USA an den Start, auf der das Leser-Voting darüber entscheidet, welche von Autoren eingesandten Manuskripte am Ende von Amazons Digital-Label Kindle Press veröffentlicht werden. Seit dieser Woche können englischsprachige Texte nun auch von Autoren aus Europa, Asien und Südamerika eingereicht werden.

Bevor ein Titel auf Kindle Scout der Leser-Community vorgestellt wird, durchläuft er einen Review-Prozess durch das Amazon-Team. Zu den erwünschten Genres gehören Romance, Mystery & Thriller, SciFi & Fantasy sowie Kinder- und Jugendbuch. Bisher wurden nach Angaben des Unternehmens 75 Titel für den Kindle Press-Kanal ausgewählt, was sich für die Autoren auf jeden Fall zu lohnen scheint: die E-Books erhalten sehr gute Bewertungen und viele Kundenrezensionen (im Durchschnitt 4,48 Sternchen und mehr als 2.700 Reviews).

Schon einige Top-Seller wurden so geboren: Stacey Cochrans Roman „Eddie and Sunny“ etwa, einer der ersten Kindle Press-Titel, schaffte es auf Anhieb in die Top 100 der Kindle Charts. Kindle Press-Autoren erhalten einen 5-Jahresvertrag und einen Vorschuss von

1.500 Dollar, außerdem profitieren sie natürlich von Amazons Marketing-Unterstützung. Attraktiv ist aber auch die Chance, einen Verlagsvertrag bei einem der Imprints von Amazon Publishing zu bekommen.

Für die Leser-Scouts lohnt sich das Nominieren und Sharen von Titeln ebenfalls. Wird ein von ihnen ausgewählter Titel veröffentlicht, erhalten sie als Belohnung ein kostenloses Exemplar. Die Nominierungsphase ist für jedes Buch auf 30 Tage begrenzt, jeder Leser kann 3 Bücher gleichzeitig nominieren. Die Leseproben können direkt im Browser gelesen werden, lassen sich aber auch auf's Kindle schicken.

[Sponsoring]

Speed-Publishing mit Robert Scoble

Krautpublishing war gestern – der Alpha-Blogger & Tech Evangelist Robert Scoble testet gerade eine noch weitaus effektivere Fundraising-Methode: Sponsored Self-Publishing. Für das aktuelle Buchprojekt „Age of Context" machten sich Scoble und sein Ko-Autor Shel Israel auf die Suche nach zahlungskräftigen Unternehmen aus der IT-Branche. Das Thema des geplanten Sachbuchs eignete sich dafür ausgezeichnet – es geht um den Tech-Trend „Personalized Services", von Google Glasses bis zu interaktiven Spielzeugfiguren. Innerhalb von 12 Monaten konnten sie knapp 100.000 Dollar einwerben, zu den Sponsoring-Partnern zählen AutoDesk, Betaworks und Microsoft, aber nicht ganz zufällig auch der Cloud-Computing-Spezialist Rackspace, für den Scoble als „Startup Liaison Officer" arbeitet. Denn gerade „Big Data" ist an kontextbasierten Geschäftsmodellen (Orte, Personen, Dinge) stark interessiert.

Vorbild für die unternehmerische Herangehensweise ist Guy Kawasakis Publishing-Methode „APE", also „Author, Publisher, Entrepreneur". Genau diese drei Rollen muss ein erfolgreicher Indie-Autor Kawasaki zufolge nämlich ausfüllen. In seinem gleichnamigen Buch spricht der ehemalige Apple-Evangelist auch vom „artisanal publishing" – es geht also darum, selbst kunstvoll die Hand anzulegen. Das eingeworbene Geld soll zwar auch dazu dienen, dem Ko-Autor & Forbes-Journalisten Shel Israel ein kleines Sabbatical zu finanzieren, um Zeit zum Schreiben zu haben, doch ein Teil wird auch in Lektorat, Layout und Marketing von „Age of Context“ gesteckt.

Grundsätzlich wäre natürlich auch die Zusammenarbeit mit einem Verlag denkbar gewesen – doch vor allem zwei Argumente sprachen dagegen: „Die meisten Verleger können ein Buch nicht schnell genug produzieren, außerdem erlauben sie Autoren nicht, Teile ihres Materials vorab kostenlos zu veröffentlichen.“ Es geht aber nicht nur um die Faktoren Zeit und Flexibilität – auch Geld spiele eine Rolle: „Die gesponserten 100.000 Dollar sind ungefähr das dreifache von dem, was traditionelle Verlage vorschießen würden.“

Anders als bei der Alternative Krautpublishing lauern beim Sponsored Publishing natürlich neue Abhängigkeiten – schließlich muss man den Geldgebern ja irgendeinen Mehrwert versprechen. Inhaltlich werde man jedoch keine Kompromisse eingehen, versprechen Scoble und Israel: „Wer uns sponsert, hat keinen Einfluss auf das, was wir in unserem Buch schreiben. Wir gehen an das Thema so heran, wie wir es sehen, und lassen auch Konkurrenten unserer Unterstützer zu Wort kommen.“ Eins haben die High-End-Spesenritter ihren Spendern aber offenbar versprochen: sie werden schnell sein.

Lesetipps

APE: Author, Publisher, Entrepreneur, von Guy Kawasaki und Shawn Welch (2013)

Das Co:funding-Handbuch, hg. tyclipso.me & startnetxt (2012)

Das Crowdfunding-Handbuch: Ideen gemeinsam finanzieren, von Denis Bartelt, Ulrike Sterblich, Tino Kreßner, Anna Theil (2015)

Das große E-Book & E-Reader ABC – 200 aktuelle Stichworte von Adobe-ID bis Zweifingergeste, von Ansgar Warner (2014)

Erfolgsfaktoren im Crowdfunding, von Andrea Harzer (2013)

Kann man denn davon leben? Erfolgreiche Eigenvermarktung und Internetökonomie, von Silvia Holzinger und Peter Haas (2012)

Ratgeber Crowdfunding und Steuern, von Elfriede Sixt, Petra Eckl, Dominik Berka (2014)

Social Media im Kulturmanagement: Grundlagen, Fallbeispiele, Geschäftsmodelle, Studien; hg. von Karin Janner, Christian Holst, Axel Kopp (2011)

The Crowdfunding Revolution. Social Networking Meets Venture Financing, von Dan Marom & Kevin Lawton (2012)

The Pirates Dilemma: How Youth Culture is Reinventing Capitalism, von Matt Mason (2008)

The Power of Social Networking: Using the Whuffie Factor to Build Your Business, von Tara Hunt (2010)

The Thank You Economy, von Gary Vaynerchuk (2011)

Mehr vom selben Autor lesen

das große
e-book & ereader
abc

200 aktuelle Stichworte
von Adobe-ID
bis Zweifingergeste

Wer mit dem E-Lese-Boom Schritt halten will, kommt mit dem Vokabular der alten Gutenberg-Galaxis nicht mehr aus:

Aus Büchern wird Content, der via WLAN auf mobile Gadgets gelangt, mit PayPal im E-Store bezahlt, oder heruntergeladen mit der Onleihe-App. Auf dem E-Ink-Display lesen wir Fan-Fiction von Self-Publishern im epub-Format, finanziert durch Crowdfunding. Über die Cloud-Bibliothek gelangt die Lektüre ins Ökosystem. Wenn das E-Book mit DRM versehen ist, läuft ohne Adobe-ID aber gar nichts...

Alles klar? Das „e-book & e-reader abc" von Dr. Ansgar Warner sorgt für Überblick und erklärt, was der Praktiker im Alltag wissen muss, ob als Verleger, Bibliothekar, Buchhändler, Autor oder ganz einfach interessierter E-Leser. Querverweise machen Zusammenhänge deutlich und geben einen Eindruck vom rasanten Wandel der Buchbranche auf allen Ebenen.